W0323896

On a marché dans Pyongyang

Une année en Corée du Nord

© Avril 2015, Ginkgo éditeur
33 boulevard Arago
75013 Paris
www.ginkgo-editeur.fr
ISBN : 978-2-84679-250-9

Maquette et mise en page : Élisabeth Voge
Illustration de couverture : Marie Fardet

Abel Meiers

On a marché dans Pyongyang

Une année en Corée du Nord

GINKGOéditeur

À Zouf et Lud

« … Alors concernant les gants, tu me confirmes ? Ce ne sont pas des gants en caoutchouc…

– Non, ce sont des gants pour l'insémination artificielle des truies. Et puis, il me faut la pipette en forme de tire-bouchon. Je t'ai envoyé la photo. Impossible d'en trouver en Corée.

– Oui, oui, photo un peu… improbable, disons.

– Oui, je sais, ce n'est pas très sexy de voir ce bras entièrement… enfin, bon, bref, ce sont des gants qui font tout le bras, jusqu'à l'épaule.

– Ah oui, quand même !

– Et jetables. Il m'en faut mille à peu près.

– Mille ?

– Oui, c'est ça. Tu vas bien trouver ça à Pékin, non ? Tu me fais un paquet, c'est pour offrir ! Est-ce qu'il faut que je t'envoie une autre photo ?

– Non, non, surtout pas ! Bon, OK c'est enregistré. Je t'envoie notre proposition dans trois jours. Ah, au fait, tu sais que votre Président est mort ?

– Sarkozy ?

– Mais non, Kim Jong-il, ils viennent de l'annoncer à la radio chinoise. »

Chapitre 1

Pyongyang, 19 décembre 2011. 11 h 23. Dieu est mort. De surmenage.

INSANE IN THE BRAIN_Cypress Hill

« **Yobosho ?** »

AS WE ENTER_D. Marley & Nas

Quentin raccrocha tout doucement le téléphone et regarda autour de lui. Ses collègues coréens continuaient à vaquer à leurs occupations, ils hurlaient dans le téléphone « *YOBOSHO !?* » (« Allô !? »), imprimaient feuille sur feuille et buvaient du thé en produisant des sons peu ragoûtants. Tout était calme. L'ingénieur d'une trentaine d'années savourait du haut de son mètre quatre-vingt-cinq ce moment de flottement avec une impression d'être le dernier homme sur terre, une boule d'excitation au fond du ventre, son cerveau en ébullition qui échafaudait mille théories sur ce qui allait advenir dans un futur proche : guerre nucléaire, coup d'État, évacuation ? Il sortit de l'*open space*, salon d'appartement transformé pour accueillir des bureaux et passa sa tête par l'entrebâillement de la porte de Yuri, son boss. L'écran de l'ordinateur bleuissait les lunettes du quadragénaire allemand. Le soleil bas de l'hiver se reflétait à contre-jour sur son crâne lisse et blanc. Il n'entendit pas son collègue arriver. Quentin passait une main dans ses cheveux d'avant en arrière comme à chaque fois qu'il était mal à l'aise. D'un seul coup d'œil, les deux Européens se comprirent :

« *On va foumère oune klôpe !* »

Ivana, leur collègue, passa la tête par l'embrasure de la porte et leur fit un signe de la tête. Ils la suivirent dans une pièce sans Coréen, où elle s'assit dans un grand fauteuil de salon une jambe sous l'autre et son thé soutenu de ses deux mains, dans une posture de film américain. Yuri assit sa lourde carcasse sur une chaise rigide dans un petit soupir. Quentin, sautillant, resta debout, et annonça :

« Daniel vient de me le dire par téléphone. Comme ça ! Tiens, au fait ! Il est mort l'autre, comment qu'il s'appelle déjà ?

– NON ? Quand ? Où ? Comment ? s'exclama Ivana.

– Une bête crise cardiaque, bam ! Comme ça ! » répondit Quentin.

Coup de menton de Yuri vers le mur, derrière lequel bientôt un cataclysme surgirait :

« Eux, ils savent pas encore ?!

– *Ché, qué déssolé les samis, qué ils l'ont pas, l'alerte Google !* pouffa Ivana.

– Qu'est-ce qu'on fait, dans ces cas-là ? demanda Quentin, inexpérimenté en situations extrêmes propres aux pays, disons, hors normes.

– Dans ces cas-là, on ferme sa gueule », dit Yuri, paraphrasant Bacri dans *Kennedy et moi.*

Au même instant, les Coréens jaillirent comme un seul homme dans la salle télé. Allumèrent l'écran. Les étrangers partirent.

Des cris, des pleurs parvinrent de derrière la porte. Les trois Européens, ne sachant pas quoi faire de leurs corps, firent ce que tout être humain moyen fait quand il sent que ça va tourner au vinaigre : ils partirent en quête de nourriture.

Le *Pyongyang shop*, magasin des habitants du compound diplomatique, était une institution pour les expatriés de Pyongyang, sorte de tour de Babel en miniature : des ouvriers allemands venaient y refaire le plein de *Bavaria* et de saucisses fumées, des femmes voilées syriennes y achetaient on-ne-sait-quoi, puisqu'on n'osait pas plus contempler le contenu de leur caddie que leurs yeux. Les innombrables célibataires du compound s'approvisionnaient ici en bière locale, la *Taedongang Mekchou,* faite de riz et d'orge. C'est l'unique magasin pour s'approvisionner en fromage et beurre. Sous les néons hésitants du magasin, Quentin enfourna dans son caddie des kilos de pain mou, de l'huile et des grosses bonbonnes d'eau, « au cas où ». Un instant de honte l'envahit au passage en caisse. Lui qui avait toujours fulminé contre ceux qui venaient faire le plein de sucre et d'essence dès que TF1 annonçait une pénurie... Il était heureux d'avoir troqué son manteau en feutre de fin d'automne pour un anorak type bonhomme Michelin, avec des poils d'animaux en capuche, car il faisait aussi froid dans les rayons du magasin que dehors.

Les caissières, vêtues de doudounes et les mains glissées dans des chauffeuses électriques, observaient l'étrange ballet des étrangers venus faire le plein au cœur de l'après-midi. Elles vivraient l'onde de choc dans quelques heures. Avec Yuri, Ivana, bientôt rejoints par Nicolas, ses fidèles compagnons pendant ces heures sombres, Quentin restait sur le parking du *Pyongyang shop*, en pleine hésitation. Il souhaitait écrire chez lui à Sarah et ses parents, pour leur donner des nouvelles rassurantes, mais il n'était que treize heures, soit cinq heures du matin en France. Il avait donc un peu de temps devant lui.

« C'est super risqué, quand même.
On baisse la musique alors... »
SABOTAGE_Beastie Boys

« Dites, avant que tout ça ne devienne vraiment glauque, on n'irait pas tenter une virée en ville, en profitant de l'effet de surprise ? On pourra toujours dire qu'on ne savait pas ? Vous avez un appareil photo ?»

Ils déposèrent Yuri, un peu plus vieux et surtout un peu plus chef que les autres, à son appartement et partirent tous les trois. Aussi discrètement que possible pour un 4x4 de trois mètres cinquante de haut, deux pneus de rechange sur le toit et deux gros drapeaux européens sur les côtés, ils se faufilèrent en ville, comme des collégiens qui font le mur pour aller fumer. La gorge de Nicolas s'assécha quand Ivana, triomphante, brandit un appareil photo ; bien malin qui pourrait dire ce qui leur arriverait s'ils étaient pris à photographier ces moments.

Pour rejoindre le centre-ville depuis le compound diplomatique, situé dans le quartier Taedonggang, ils rejoignirent Toehak Street pour arriver devant un premier lieu de recueillement : une fresque en carrelage représentant Kim Il-sung en dix mètres sur cinq souriant à pleines dents. Des groupes arrivaient avec les mêmes bouquets de fleurs en papier, tous en rangs serrés, classés par taille. Des files impeccables, insonores, très dignes.

Ils passèrent devant une agente de la circulation qui ne les vit pas et s'engagèrent dans Tongdaewon Street, jusqu'au rond-point du pont d'Okryu, dont l'accès était interdit pour cause de travaux pharaoniques. Ils prirent à gauche, passèrent devant la tour du Juche, toujours dressée, traversèrent le pont en fer, tournèrent à droite pour déboucher sur une place Kim Il-sung, vide, à leur grande surprise. Ils durent rouler jusqu'à la maison du peuple, à côté du *Ice Rink* pour entrevoir le premier portrait géant de Kim Jong-il, orné de gigantesques gerbes de fleurs. Quentin frissonna :

« Fais demi-tour !! C'est là que ça se passe ! On va prendre une photo ! hurla Quentin.

– T'es sûr ? C'est super risqué, quand même. On baisse la musique alors..., dit Ivana.

– Oui, c'est plus judicieux de ne pas écouter du rap US à fond dans ces circonstances.

Même si c'est du *East Coast*... »

En repassant devant les grands portraits au ralenti, Nicolas imaginait déjà son cliché publié dans les journaux du monde entier.

« Fais gaffe, Nico, une fliquette !!! » s'écria Quentin.

Nicolas appuya tout de même sur le déclencheur tout en se baissant, si brusquement qu'il se fit mal. Le mouvement attira le regard de l'agente de circulation, qui ne les vit pas, enfin c'est ce qu'ils pensèrent.

« Bon, on trace, maintenant. Alors, la photo ? demanda Quentin, excité.

– Merde, on voit rien !

– ...

– Ah. »

Le cœur battant, ils se retrouvèrent devant une bière glacée, avec ce sentiment vertigineux d'être au cœur de l'événement. C'était historique.

Rentré à l'appartement, Quentin se mit sur sa boîte mail. La connexion Internet chinoise, dont le peuple coréen était privé fonctionnait. « Pour le moment », pensa l'ingénieur. Il écrivit un message rassurant à ces proches :

> Bonjour à tous,
>
> En vous levant ce matin, vous aurez sans doute appris la nouvelle. La Corée du Nord va rentrer dans une période de deuil de dix jours suite au décès de Kim Jong-il. Je voulais juste vous rassurer en vous disant que tout va bien. Nous avons fait des courses pour tenir une quinzaine, car les magasins seront sans doute fermés pendant cette période. Je suis sorti du compound pour prendre la température et tout est calme. Magasins ouverts, quelques groupes de pleureurs et pleureuses viennent déposer des gerbes devant les fresques par petites grappes. Pas de coup d'état, de manifestation, de banderoles ou de pancartes. Je vais rester dans le compound et ne pas trop m'aventurer dehors jusqu'à nouvel ordre, donc aucune raison d'être inquiets. Je vous dirai si les choses évoluent.
>
> Bises à tous, kiffez la libre pensée !
>
> Quentin

« Il faut un ascenseur pour monter sur ce plongeoir. »
QU'EST-CE QU'ON ATTEND POUR FOUTRE LE FEU_ NTM

Quentin, perplexe, contemplait la flamme rougeoyante de la tour du Juche. Le pétillement d'excitation qui l'animait se nuançait d'une petite appréhension devant le gouffre inconnu qui s'étendait devant lui. C'est qu'il commençait à peine à s'y habituer, à Kim Jong-il, à son anorak gris et sa chapka en lapin et ses *on the spot guidances*. Inventées par ce dernier, elles consistaient à aller « sur le terrain », c'est-à-dire dans une usine de chaussettes ou une nouvelle boucherie, et à distribuer comme ça quelques conseils, au débotté, que les directeurs des dits magasins s'empressaient de noter dans un petit carnet en opinant du chef.

Venant d'un homme qui produisait un livre mensuel, ses idées ne pouvaient être que bonnes... C'est ainsi que la piscine Kim Il-sung, ouverte aux étrangers le samedi, s'était dotée... d'un ascenseur. Le Grand Leader avait un jour visité la piscine. L'itinéraire exact de ses pas était depuis représenté sur un grand panneau dans le hall d'entrée. Il avait marqué une pause devant le plongeoir de dix mètres et avait levé les yeux.

« C'est très haut ! Vous vous rendez compte comme c'est long pour nos athlètes de monter jusqu'en haut, tout ça pour un plongeon de même pas une seconde ?

– Pas faux, ça !

– Il faut un ascenseur, pour monter sur ce plongeoir.

– Mais oui, évidemment, c'est ça, un ascenseur ! Personne n'y avait pensé avant vous, Grand Leader.

– Pourquoi crois-tu que je sois le Grand Leader et que le jour où je suis né, il y a eu deux arcs-en-ciel sur le Mont Paektu et que des centaines de colombes ont formé dans le ciel les lettres : *Il vient nous montrer la voie* » ?

La réponse était contenue dans la question, et quelques semaines plus tard était construit un ascenseur, que ni Quentin ni sa famille n'avaient jamais vu fonctionner.

La course infinie de l'univers

MY SONS_Pat Cash

Quasiment tous les expatriés avaient quitté Pyongyang pour les vacances de Noël, et l'équipe des Trois se sentait toute petite dans leurs appartements, n'osant plus bouger. Quentin, Nicolas et Ivana avaient bien tenté de passer quelques coups de fils, mais les téléphones étaient coupés. Une étrange atmosphère flottait autour d'eux.

« Déjà que c'est pas commun comme pays ! Qu'est-ce qui va se passer ? On a du nouveau ? interrogea Ivana.

– J'appréhende quand ils vont revenir, les Coréens. Ça va être du sang et des larmes. Qu'est-ce que tu regardes, Quentin ? » demanda Nicolas.

Les yeux rivés sur la ville qui s'étendait devant son balcon, Quentin guettait avec fébrilité un signe, des bruits, une manifestation, enfin quelque chose qui confirmât que cette nuit était spéciale :

« Je ne sais pas, quelque chose, quoi ! Y'a rien ! C'est comme si rien ne s'était passé.

– C'est vrai que c'est fou, quand tu vois le cirque pour une pauvre banderole !

– Ne soyez pas trop pressé », dit évasivement Ivana.

Après avoir vidé trois bouteilles d'excellent vin gardé « pour une grande occasion », les Trois passèrent la soirée à rire, un peu nerveusement peut-être, dans leur belle cage au cinquième étage, immeuble D, compound diplomatique. Puis ce fut le rendez-vous avec leurs lits. Finalement, le monde n'avait cessé de tourner pendant ces quelques heures, et demain, le jour se lèverait. La planète sait bien que tous les êtres humains ne sont que des tas d'os et de chair, qui finissent tous par mourir, sans jamais décaler d'un millimètre sa course effrénée dans le noir absolu de l'Univers.

«Mardi vers 21 h 20, une grue de Mandchourie... »

WHERE IS MY MIND_The Pixies

Plus qu'ailleurs, le nom de *nation* est adapté à la Corée du Nord. Les citoyens sont au service de cette secte et quand ils pleurent leur dirigeant, ce sont comme des enfants pleurant leur père. En quinze jours, Quentin eut l'impression d'en avoir davantage appris sur ce pays et ses habitants que durant tout le reste de son séjour.

« Pour moi, Dieu est mort le 19 décembre », lui dit Chol, son traducteur, droit dans les yeux. Quentin évita bien sûr de lui mentionner qu'il était communément admis de part le vaste monde que Kim Jong-il était en réalité mort le 17.

« Tu vois, pour la mort de mon père, je n'ai pas pleuré ; là, je pleure depuis ce jour. » Puis il affirma sans sourciller que le Grand Leader était mort de surmenage, « tellement il a fait, donné à son peuple ».

Quentin émit un petit soupir désolé et se remémora ce qu'il avait lu lors de sa nuit d'insomnie sur le site d'information officielle du pays (KCNA). Ce dernier annonçait très sérieusement que « lorsque Kim Jong-il est mort samedi, la glace du lac Chon sur le mont Paektu s'est brisée dans un bruit assourdissant, tandis qu'une tempête de neige se levait ». Le mont Paektu était la montagne sacrée du pays, et pour cause : le Grand Leader y serait né dans une petite cabane toute délabrée, un peu comme Jésus, alors que son révolutionnaire et libérateur de père faisait la guerre aux Japonais. Apparemment les historiens s'accordaient à dire qu'il était en réalité né quelque part en Sibérie, mais c'est loin.

Toujours selon KCNA , « la tempête de neige s'est arrêtée brusquement mardi matin, laissant le soleil levant illuminer le sommet enneigé. À ce moment, la signature de Kim Jong-il est apparue sur la montagne, et un texte se dessina devant les témoins ébahis. *Mangez cinq fruits et légumes par jour!* », sourit Quentin qui avait fait la blague à Sarah tout à l'heure, pour lui faire croire qu'il était détendu. En réalité, il avait fait apparaître ces mots « mont Paektu, montagne sacrée de la révolution ». Une lueur avait également été aperçue sur le sommet le lundi pendant une demi-heure, après l'annonce de la mort du dirigeant. Il avait trouvé d'autres pépites sur le Net, notamment la vidéo d'une présentatrice canadienne qui faisait son petit *buzz* en annonçant le « décès de Kim Jong-deux! »

Le site d'informations KCNA surenchérit en déclarant que « mardi vers 21h20, une grue de Mandchourie a volé trois fois autour de la statue avant de se poser sur un arbre. La grue y est restée assez longtemps, la tête courbée, avant de s'envoler vers Pyongyang », puis conclut : « Voyant ce phénomène, le directeur du site révolutionnaire de Hamhung et d'autres ont tous dit que même cette grue semblait attristée par la mort de Kim Jong-il, fils du ciel. »

Et maintenant Chol qui lui racontait que la mort de Kim Jong-il l'avait plus attristé que le décès de son propre père ! Cet homme avec lequel il avait rit, discuté philosophie, partagé ses risques de cancer du poumon, qui lui servait la soupe. Son équipe de travail était privée d'accès au terrain, les Coréens venaient travailler mais en affichant littéralement une tête d'enterrement. Leur présence au bureau leur évitait sans doute de faire la grue de Mandchourie avec des fleurs au pied de toutes les fresques représentant Kim Il-sung dans toute la ville.

Kim Jong-il était mort trop tôt et n'avait pas laissé le temps à son peuple d'ériger de monument digne de ce nom. *Oups !* Dans sa grandeur altruiste, Kim Jong-il avait empêché tous les volontaires qui l'assaillaient pour lui construire, qui une statue, qui une fresque avec sa bouille souriante. Chol lui avait expliqué « qu'il les avaient tous repoussés, en arguant qu'il fallait déjà que le pays connaisse de grands succès ». Il imagina un instant les manifestations devant le palais présidentiel « Pitié ! Laissez-nous vous construire une statue ! Nous voulons, c'est notre vœu le plus cher… une fresque en mosaïque avec votre tête dessus ! »

En revanche, à la manière de Fidel Castro à Cuba avec Che Guevara, Kim Jong-il avait fait faire des centaines de fresques et de statues à la gloire de son père. Les gens, ne sachant plus à quel Leader se vouer, formaient donc des files gigantesques devant les mosaïques souriantes de Kim Il-sung (le père, mort en 1994). Les habitants de Pyongyang se pressaient, par centaines de milliers, par unités de travail, d'habitation, équipés en fleurs en papier, car en décembre, le froid est mordant. De temps en temps, certains d'entre eux éclataient en sanglots, imités aussitôt par leurs concitoyens. Tout cela était parfaitement ordonné. Le calme régnait, partout. Pas mal de magasins étaient toujours ouverts.

« Oui, d'accord, je comprends. »
STILL_Dr Dre

Dans sa salle attitrée, la télévision hurlait son désespoir à qui était bien forcé de l'entendre. Monsieur Ri, chef du staff coréen, lien entre les autorités et les étrangers, conseilla très vivement à ses hôtes, « pour leur sécurité », de rester dans le compound et d'éviter de sourire, car cela pourrait être mal vu et « on ne sait pas comment réagiraient nos concitoyens ».

Cloîtré dans le quartier diplomatique, Quentin put visiter ses installations et sa communauté internationale. C'était une sorte de village planétaire, où l'axe du mal, cher à G.W. Bush serait particulièrement bien représenté. De son appartement immense au cinquième étage, il dominait le quartier et les drapeaux des ambassades faisaient rêver à des printemps arabes : Libye, Irak, Syrie, Ambassade de Palestine, Nigéria, Pakistan... Peu d'étrangers habitaient dans le pays : une centaine, si on ne comptait pas les Chinois et les Russes, forts de communautés de cent ressortissants chacune. Malgré cette proximité physique, les communautés ne se mélangeaient qu'en de rares occasions. Les Occidentaux restaient beaucoup entre eux, avec néanmoins des petites accointances avec des Indonésiens, voire des Égyptiens, qui malgré les quantités substantielles d'after-shave dont ils s'aspergeaient, étaient très fréquentables. Les Nigérians restaient avec les Nigérians, les Pakistanais ensemble, les Indiens aussi, et les Népalais, qui formaient une communauté étonnamment grande (au moins dix !) se conviaient entre eux à des repas empreints d'une nostalgie aux fragrances de cumin, de curry et de badiane.

Les étrangers qui se baladaient dans les rues de Pyongyang étaient généralement peu nombreux. La plupart erraient dans le compound, comme des fantômes auxquels on refusait le droit de reposer en paix. Le pays était une voie de garage pour quelques diplomates qui patientaient, parfois des années avant d'être affectés à un autre pays. Pour certains, ils étaient si mal payés qu'au long de leurs trois années de présence minimum dans ce pays, ils ne pouvaient rentrer chez eux qu'une seule fois. Les âmes en peine se retrouvaient souvent au *Friendship Restaurant*.

La salle principale de l'établissement, sans fenêtre, était recouverte d'une moquette passée rouge bordeaux à motifs vaguement dorés. Les murs étaient recouverts d'une tapisserie douteuse à petites fleurs violettes sur fond beige. De sombres peintures y pendaient tristement, évoquant des paysages d'hiver glaçant, avec leur cortège de bois mort et de cailloux gelés. L'ensemble évoquait certaines salles d'attente de notaire des années soixante-dix. À l'étage, plusieurs salles, dont celle incontournable, du karaoké. Les serveuses coréennes y chantaient des chansons indigestes avec une très jolie voix mais avec un son saturé, devant le regard embué de quelques expatriés à l'alcool maussade.

« Nous avons déjà la gerbe dans la voiture. »
SILICONE BABY_Babx

Ce matin-là, monsieur Ri, avec une tasse à la main et un air de circonstance, avait prévenu l'équipe qu'ils devaient aller déposer une gerbe de fleurs dans l'après-midi sur la place Kim Il-sung. À la seule pensée de pouvoir s'échapper pour quelques heures du compound, le cœur de Quentin fit un bond. Il avait bien sûr fallu qu'il se rase et se mette en costume. Il hésita entre deux cravates. Sur le parking, il évita soigneusement de sourire devant les mises apprêtées des uns et des autres. Ils étaient groupés, fumant pour la plupart, autour du minibus, sans un bruit.

Monsieur Ri était un homme grand, sec et nerveux. Sa pomme d'Adam proéminente se baladait sans cesse le long de sa gorge et l'on devinait sa contrariété quand ses mâchoires se crispaient, à la manière de Tom Cruise, qui a entièrement bâti sa carrière sur son jeu de mandibules. Monsieur Ri était un homme avenant, quoique d'un naturel peu bavard. Ce jour-là, c'était le silence absolu, pomme d'Adam baladeuse et mine sombre. Il dit juste :

« Nous prenons les 4x4. Nous avons déjà la gerbe dans la voiture. »

Yuri commença à protester, arguant qu'ils rentreraient tous dans un minibus et que ce n'était pas très écologique de sortir les deux gros 4x4. Le regard que lui lança Ri était sans équivoque et Yuri n'insista pas.

Les deux gros Toyota Prado brillaient de mille feux et l'équipe n'eut pas à rougir en rentrant sur le côté de l'immense place Kim Il-sung. L'officier de liaison se tenait à la place du mort. C'était comme ça, il fallait toujours qu'il passe devant. Quand ce n'était pas lui, il était remplacé par un autre Coréen. Les expatriés, eux, devaient toujours être à l'arrière quand ils étaient en visite officielle. Et tout déplacement avec des Coréens revêtait un caractère officiel, y compris pour se rendre à la ferme.

Pour arriver sur la place Kim Il-sung, on passe devant la tour du Juche, dans son axe. Puis il faut traverser le fleuve sur le pont métallique dit « pont japonais ». La première chose que l'on voit quand on arrive sur la place est un gigantesque portrait de Kim Jong-il, installé sur la devanture de la bibliothèque du peuple. À sa gauche, trône l'imposant musée des Beaux-Arts suivi, après la route, d'un bâtiment ministériel décoré de portraits de Marx et de Lénine. À droite, le ministère de l'Intérieur est orné d'un portrait de Kim Il-sung et d'un grand panneau d'un militaire en train de jouer de la trompette, coiffé d'une casquette réglementaire, pas exactement Louis Armstrong.

La place aux proportions gigantesques et à la symétrie parfaite couvre une superficie de deux hectares. Pas de terrasse de café, pas de fleuriste, pas de flâneur. Avantage principal : peut contenir un nombre substantiel de Coréens rangés en colonnes et en lignes bien agencées. Pratique.

Le chauffeur se gara auprès des autres 4x4 des organisations internationales : Nations Unies, Croix-Rouge, ONG. Une bonne trentaine de voitures. Des groupes venaient, en ligne, déposer exactement en même temps leur gerbe de fleurs, puis s'inclinaient de concert, avec pour seul son le froissement du tissu. C'était une sorte de concours, à qui se prosternait le plus bas. Quentin surprit le coup d'œil de certains pour jauger les voisins. Pas mal de Coréens pleuraient, certains se jetant à genoux. Tout ceci fut rapidement interrompu par un officiel, qui pria les gens d'aller s'attrister un peu plus loin et d'attendre avant de fondre en larmes : des étrangers étaient là pour porter un vibrant hommage au défunt Leader et il fallait leur faire place nette.

Devancées d'appareils photo et de caméras, une cinquantaine de personnalités obscures du monde entier fendirent littéralement la foule, pour être disposés en lignes successives. Entre internationaux, ils s'observaient. Quentin s'interrogeait : « Quelle est la pose appropriée dans ce genre de circonstances ? Fallait-il se prosterner ? Jusqu'où ? Combien de temps ? » Une prosternation franche serait comme un signe d'allégeance au défunt Leader. Sur la place, le groupe de travailleurs internationaux avait grillé la priorité à presque un million de Coréen avec la discrétion d'une fanfare de supporters de rugby. Quentin sentait le feu des regards de la foule et des caméras sur sa nuque mordue par le froid. S'il s'inclinait trop et que les images étaient retransmises en Europe, de quoi aurait-il l'air ? Certainement d'un imbécile. Que ferait Sarah ? S'inclinerait-elle ? Jusqu'où ? S'il ne se prosternait pas assez, cela revenait à déchirer sa chemise devant ces millions de Coréens en chantant du Rage Against The Machine. Par chance, Quentin ne faisait pas partie du premier wagon. Il put donc observer attentivement le comportement des personnes expérimentées exerçant dans l'aide humanitaire ou la diplomatie. L'inclinaison s'étendit sur une gamme relativement variée, bien sûr beaucoup plus modeste que celles de leurs congénères coréens.

Il choisit de calquer son comportement sur celui d'un collègue indien expérimenté. Une fois acquittés de leur devoir, ils quittèrent la place dans un silence de mort. Les 4x4, dénués de jugement, les attendaient dans le froid, brillants. Quentin se sentit alors terriblement seul, sans sa moitié et ses deux petits quarts. Il pensait à eux dans leur cocon français chaleureux, libres, remuant, alors qu'ici tout était rigide et froid et bien aligné. Il regardait par la vitre du 4x4, les passants de tous âges marcher dans le froid. La voiture passa par l'arrière de la place, ce qui permettait d'admirer les alignements parfaits d'hommes et de femmes attendant leur tour dans le froid, impassibles, comme des pieds de vignes ou une forêt fraîchement plantée.

Arrivés au compound, les expatriés y allaient de leurs spéculations :

« Apparemment, les gens y vont par unité de travail, comme nous avons fait.

– T'imagines le planning, pour gérer toutes les entreprises ?

– Pas besoin de planning. Tout le monde doit s'y rendre à telle heure. Et attendre. Comme ça, ça fait une belle foule. »

Une heure plus tard, Chol, le traducteur de Quentin, lui dit, enthousiaste, que Kim Jong-un, le fils de Kim Jong-il, avait pris deux décisions concernant le deuil. La première était que des stands distribueraient des boissons chaudes aux endeuillés. Étant donné le froid mordant de la période, il incitait également les habitants à ne pas se départir de leurs manteaux, contrairement à la tradition.

« C'est un grand humaniste, dit Chol confiant et sans sourire.

– …

– Et il a vraiment du charme.

– … ! »

Un requiem sinistre

REQUIEM EN DO MINEUR_Wolfgang Amadeus Mozart

Les jours suivants s'écoulèrent car ils n'avaient rien de mieux à faire. Quentin, l'estomac immergé d'acide, ne vivait que dans l'optique de rejoindre les siens à Pékin le 30 décembre. Dans l'incapacité de se déplacer hors de son ghetto, ses journées étaient rythmées par un travail de bureau harassant, sans contact avec le terrain. Son quotidien prenait un tour assez sinistre et peu favorable à la vie d'une famille épanouie. Une fine couche de morosité s'amoncelait dans l'air. Ses collègues coréens arboraient des mines funestes et se repaissaient de rediffusions des images de deuil, dont la bande son était un requiem sinistre qui emplissait entièrement la tête d'instruments à vent fatigués et mornes. Pour Quentin, le tout devenait une torture qui lui nouait le ventre ; un peu comme écouter Véronique Samson un dimanche de pluie.

Cette musique répétait à l'envi « sois triste, ton Grand Leader vient de mourir » et agissait sur le Français comme un instrument de harcèlement moral. Dès les premières notes, Quentin sentait sa gorge s'assécher de manière pavlovienne. C'est à coups de baguette molle que l'emprise psychologique s'était installée, à la manière du supplice de la goutte d'eau. Rien de franchement traumatisant en soi, mais des petites giclées d'acide qui maintenaient les ventres compressés et les nerfs à hauteur d'épiderme.

Où il est question de degré d'inclinaison

POSITIVELY INCLINED_Wax Taylor

Quelques expatriés européens se retrouvèrent un soir et la discussion tourna autour de la commémoration qui devait avoir lieu le lendemain au palais des Commémorations.

Cédric, le Français de passage, bloqué sur le territoire par la mort du Leader, annonça qu'il avait décidé de ne pas mettre de costard et de ne pas se prosterner.

« Et que dit votre siège ? lui demanda Travis, un Ougandais d'UNICEF.

– Le siège dit qu'on fait comme on veut. On est neutre, donc chacun décide pour lui-même. Pas de consigne officielle.

– Avec cette histoire de banderole, il faut peut-être la jouer un peu *low profile*, comme disent les Suisses, non ? » dit Quentin.

D'âpres discussions s'engagèrent, où il était question de degré d'inclinaison, de respect des convenances, de la possibilité de continuer à travailler ici, sans pour autant vendre son âme. Ils étaient tous tellement trempés dans cette atmosphère qu'ils prenaient tout cela très au sérieux.

« À mon avis, c'est une connerie de ne pas s'incliner. On s'en fout de le faire, qui va nous voir ? Il faut penser à nos relations avec le staff.

– Moi je m'en fous pas, c'est un dictateur. Il a du sang sur les mains. Si tu veux t'incliner devant ça, pas de problème. Moi, je ne le ferai pas, c'est tout.

– Oui, mais toi, comme moi, avons accepté de venir bosser ici, en toute connaissance de cause. Et on bosse pas pour le régime, on bosse pour les gens. Ne pas jouer le jeu, c'est mettre en danger les personnes avec qui on bosse.

– Oui, mais on n'est pas obligés de tout accepter. Moi je suis pas ambassadeur, je suis un citoyen. Et j'ai le droit de pas courber l'échine. Je peux pas me torcher avec mes convictions », conclut Cédric.

Où Cédric se conduisit avec une certaine légèreté

DESPERADO_Antonio Banderas&Los Lobos

Ce matin-là, encore, il fallut se raser. Direction veillée nationale du corps du défunt Leader, au palais des Commémorations où son père reposait déjà. Des embaumeurs russes étaient sans doute venus travailler la dépouille, comme pour le père. Monsieur Ri vérifia discrètement la conformité des tenues des expatriés placés sous sa coupe. D'un léger hochement de tête, il fit signe au chauffeur de démarrer.

Dans le Toyota rutilant, peu de paroles furent échangées. La place Kim Il-sung vit défiler une nouvelle fois un cortège de tout-terrain remplis de costards-cravates et ornés d'autocollants sur le flanc. Monsieur Ri donna les consignes :

« Il ne faut rien prendre dans les poches.

– Est-ce qu'il faut nos passeports ? »

Monsieur Ri tira trois passeports européens de sa poche :

« J'ai déjà ! »

Leurs papiers d'identité étaient en libre accès dans l'armoire en fer du bureau de l'administratrice. Quentin se renfrogna, sous le regard d'incompréhension de Chol.

« Quentin, c'est juste pour qu'on ne les oublie pas », tenta Chol.

Quentin se sentit prisonnier, mais il garda ses sentiments pour lui. Ce qui semblait insupportable au jeune Européen faisait le quotidien de son traducteur. Comment Chol pourrait-il comprendre ce sentiment bien occidental, lui qui ne circulait pas librement d'un quartier à l'autre et montrait patte blanche avec ses laissez-passer de toutes les couleurs ? Sa présence en un lieu, donc son existence, était constamment remise en cause et ne tenait qu'à ces petits papiers.

Sur la place Kim Il-sung, des cars attendaient les délégations. Tous les mêmes, avec des numéros dessus. Les sorties en autocar ont toujours un côté visite de fin d'année au collège, mais tout le monde demeura stoïque et silencieux. C'était toute une mini-planète en costard : Inde, Népal, UE, Syrie... le monde entier avec les axes du bien et du mal mélangés. Tout paraît si loin en Corée du Nord que même les Syriens semblent proches. Devant chaque véhicule, un militaire avec une liste écorchait allègrement les prénoms, que les traducteurs traduisaient.

« *Youli ; Ipana ; Kintine !*

– Au pays des Soviets ! » murmura Quentin à l'oreille de Nicolas.

L'appel terminé, les bus se mirent en route, direction le palais du Peuple. Pendant le trajet pas un seul ne réclama au chauffeur « un tour de rond-point » et la distance fut parcourue dans le calme, à l'image des rues grises de Pyongyang. Parvenus au palais du Peuple, les étrangers descendirent.

On leur retira leurs traducteurs et leurs téléphones. L'ensemble de la communauté internationale, vulnérable, était regroupée dans une grande salle fermée. Pendant quelques minutes, un grand silence. Juste quelques murmures.

Abdel, un Canadien d'origine marocaine doté d'un magnifique accent québécois se tourna vers Quentin :

« Les gars, i' vont venir avec la Kalachnikov. Plus d'*International Community*. Finish de tabernacle. Over. »

Quelques minutes plus tard, une petite délégation du ministère des Affaires étrangères, très, très triste pénétra dans la salle, fit un discours et les étrangers durent sortir présenter leurs passeports en rang. Avisant des toilettes, Quentin choisit ce moment-ci pour s'y précipiter, n'y tenant plus.

En sortant, il entendit retentir :

« Kintin. Kintin ! Kine-Tine !! »

Il se dépêcha, cherchant son passeport partout, un peu paniqué à l'idée de l'avoir perdu et finalement le retrouva dans sa veste, devant le regard sévère des gardes du palais du Peuple. Retour dans les bus. Étape trois.

Le bus retraversa la ville dans l'autre sens, pour arriver au palais des Commémorations, proche du zoo et de la colline des Martyrs.

Sur le parking, juste avant d'arriver, Yuri demanda :

« *Moziau Ri ? Was ist das Protokoll ?* Y a-t-il des choses à faire ou ne pas faire ?

– Faites comme moi, dit monsieur Ri, et ça ira. »

Avant que les expatriés ne puissent réagir, il était reparti.

« Il faudrait enlever les manteaux, leur dit Chol en passant.

– Mais il fait froid, *Moziau Ri !* Vous auriez pu nous prévenir !

– Mais c'est évident, pour présenter ses hommages, il ne faut pas garder le manteau », s'énerva, raidi par le froid et les convenances, l'officier de liaison.

De mauvaise grâce, ils ôtèrent leurs manteaux. -15°C. Comme des esquimaux chocolat/praliné, ils avancèrent dans la file d'attente le plus dignement possible, les muscles raidis. Les quelques paroles qu'ils échangèrent sortaient de mâchoires contractées par le froid.

Les gardes, impassibles, le canon de leur Kalachnikov pointé vers le ciel, ne leur jetèrent pas un regard. Quentin maudissait ses chaussures aux semelles si fines et sa chemise dépourvue de sous-couche. Les Coréens, aguerris au port du costume formel en toutes circonstances, portaient en-dessous une espèce de pyjama intégral, comme dans les westerns, mais en pilou-pilou, ce qui est moche, mais permet de survivre quelques minutes supplémentaires dans un froid intense. Ils pénétrèrent dans le Palais. Un courant d'air insidieux continuait à martyriser les mollets de Quentin, mais le froid y était moins mordant.

Il contempla l'immense bâtisse, vingt mètres sous plafond, moulures, marbre. Au sol, tapis rouge, au mur, des portraits des Leaders, des fresques. Des gerbes de fleurs complétaient le tableau. La musique funèbre l'accueillit et instantanément son ventre se serra. L'air grave, les dignitaires étrangers avançaient en rang, accompagnés de leurs homologues coréens. Au fond de l'immense salle, des têtes se courbaient, laissant apparaître une boîte en verre. Des militaires étrangers arboraient des casquettes aux dimensions impressionnantes, inversement proportionnelles à la liberté d'expression de pays d'origine. Leurs poitrines s'ornaient de tant de métal qu'on aurait pu construire une fusée. Ces uniformes décoraient une assistance par ailleurs exclusivement parée de noir. Quentin ne détonait pas, affublé d'un costume gris parpaing à fines rayures assorti à une chemise gris hippopotame mouillé et une cravate gris austère. Les pieds glacés et les entrailles nouées par la crainte d'un faux pas en public, il parcourut la cinquantaine de mètres le séparant du corps de celui qui fut Kim Jong-il sur des jambes en coton glacé. Un coup d'œil sur le côté lui indiqua que Chol pâlissait à vue d'œil et peinait à garder sa lèvre inférieure rigide.

Ils étaient précédés du groupe de Cédric, qui se plaça malgré lui dans un rai de lumière qui éclairait ses cheveux blancs. Alors que ses compagnons se prosternèrent à divers degrés, Cédric, les mains dans le dos, garda les yeux droits sur le cercueil de verre. Il parut ainsi, seul, défier le défunt Leader. Un murmure désapprobateur parcourut l'assemblée.

Chol était en pleurs, de grosses larmes coulant de ses yeux quasiment clos. Touché, Quentin lui mit la main sur l'épaule et ils avancèrent ainsi au son des violons devant la boîte en verre. Évitant le rai de lumière, le Français fixa ses chaussures, s'assurant de respecter l'étiquette. Quand Ivana, de sa démarche jeune et souple arriva à la tête du cercueil, trois caméras se mirent en route pour filmer son air contrit. Quentin finit le circuit, la main encore une fois sur l'épaule de Chol, qui avait de nouveau éclaté en sanglots. Ils finirent leur tour et aussitôt sortis, Quentin vit Chol se précipiter vers Cédric. Celui-ci se tenait, penaud, devant son officier de liaison qui criait en tournant autour de lui. Chol, qui connaissait bien Cédric, l'invectiva assez violemment.

Quand Chol prit place tremblant de colère dans le minibus :

« Les mains dans le dos en plus. C'est une véritable provocation ! Tu sais, Quentin, les Coréens ne demandent pas de partager leur peine, juste de montrer du respect pour leur deuil. »

Monsieur Ri se tourna vers Chol sans rien dire, puis il adressa un signe de tête au chauffeur, qui démarra.

« Que va-t-il se passer, par rapport à cet incident, Monsieur Ri ? » demanda Quentin.

Silence dans le minibus.

Et alors, c'est qui le chef?

ROCKIN' IN A FREE WORLD_Neil Young

Yuri allait s'absenter pour les vacances, ce qui faisait de Quentin le chef pendant une semaine avant de retrouver Sarah et les enfants à Pékin. La prochaine commémoration n'avait lieu que dans quatre jours, ce qui laissait aux étrangers trois jours entiers sans cravate.

Submergé par un travail rébarbatif, Quentin était d'une humeur massacrante et affichait malgré lui une figure de circonstance, davantage due à une overdose de Corée qu'à un deuil qu'il était loin de s'approprier. Sur les nerfs, il proposa à l'équipe des Trois de changer d'air :

« C'est bon, je crois qu'on a bien montré patte blanche ; si je reste une minute de plus, je crois que je vais courir nu sur la place Kim Il-sung en déroulant un rouleau de PQ sur l'hymne américain. Il faut que je sorte de là.

– Oui mais on n'a pas le droit, indiqua Ivana.

– Je suis le chef, j'ai tous les droits ; et en plus, dit-il d'un air entendu, j'ai mon costume à porter au pressing ! Et l'hôtel Koryo est le meilleur pressing à sec (l'unique ?) de la ville. »

Le soir venu, figés par le froid, costume à la main, les Trois avancèrent d'un pas assuré vers la voiture. Au bout de trois tentatives, elle démarra, malgré un -17°C qui s'affichait au thermomètre intérieur.

L'équipage passa aussi inaperçu dans les rues de la capitale qu'un ours polaire sur la plage de la Baule. La voiture avait parcouru les cinq kilomètres qui les séparaient des berges du Taedong lorsque qu'elle cala brusquement. Le carburant avait gelé dans la tuyauterie. Quentin s'imaginait déjà la voiture immobilisée entourée par une foule en colère et sentit l'adrénaline lui inonder les omoplates. Il demanda à Ivana :

« T'as ton portable, au cas où ?

– Non. Mais toi, en tant que chef, tu l'as forcément, non ?

– Nico ?

– Joker. »

Ils demeurèrent interdits. Quentin tenta de redémarrer. Rien, hormis un son désespérant de rouages qui ne font pas la paire. Les passants commencèrent à regarder la voiture d'une manière insistante. Le pare-brise s'embuait du stress des Européens qui durent ouvrir leurs fenêtres. Au bout d'une troisième tentative, le Toyota redémarra dans des volutes de fumée, accompagnées de deux immenses soupirs de soulagement et d'un rire nerveux. Puis il menaça à nouveau de caler. Secoué de hoquets, le Toyota plafonnait à dix kilomètres heure, dérapant allègrement sur le verglas.

Entouré d'une fumée noire, les mains crispées sur le volant, Quentin s'insultait en néerlandais, il insultait aussi un pays où tout pouvait devenir un problème, même faire dix kilomètres en voiture. Arrivés à mi-pente, le moteur cala à nouveau. Quentin redémarra aussitôt et frôla une voiture qui venait de le doubler. Le 4x4 dérapa, se déportant sur le côté gauche de la route, à quelques centimètres d'un groupe de passants. Quentin donna un coup de volant sur la droite, provoquant une embardée. Il évita une seconde voiture et après une dizaine de cahots de plus, parvint en haut de la pente et laissa filer jusqu'au parking de l'hôtel. Enfin garé, Quentin rejeta sa tête en arrière, en nage, avant de se tourner vers une Ivana, blanche comme un linge.

« Je nous imaginais déjà lynchés par la foule ! murmura-t-elle dans un souffle.

– Le gamin, on a vraiment failli se le prendre, dit Nico.

– Quel gamin ? » s'écria Quentin, ahuri.

Le portier en livrée rouge leur ouvrit la porte et ils pénétrèrent dans le hall de l'hôtel Koryo.

Doté du charme glacé des hôtels internationaux, le hall du plus célèbre hôtel de Pyongyang brillait de marbre marron et blanc. Les lustres massifs des années soixante-dix délivraient une lumière chaude. Un escalator permettait d'accéder au niveau supérieur. Cette phrase comportait une erreur. Car ce que les non-Coréens appellent bêtement « escalator » est en réalité une invention de Kim Jong-il *himself*, comme indiqué par une plaque en bronze au magasin d'État numéro un. Nonobstant une mauvaise foi toute occidentale, il faudrait appeler cette machine révolutionnaire un *Kim Jong-il-escalier mécanique*. En haut de l'hôtel Koryo, se trouve l'un des restaurants tournants qui dominent la ville. Le hall, qui malgré son volume, gardait une ambiance feutrée, était étonnamment animé pour cette période de deuil. De nombreux Coréens circulaient et discutaient, visiblement détendus. L'absence de pin's sur leurs vestes par ailleurs ni kaki ni noire, laissait supposer qu'il devait s'agir d'une délégation sud-coréenne, venue pour les obsèques. En effet, le régime avait ouvert ses frontières, dont celle, infranchissable, avec le Sud, pour permettre à des délégations de venir rendre un dernier hommage au défunt Leader. La veuve de Kim Dae-jung, président sud-coréen et Prix Nobel de la paix, avait exprimé son intention de se rendre au Nord, de même que Hyun Chung-eun, la présidente du conglomérat Hyundai, qui avait massivement investi dans le pays communiste. Elles avaient reçu le feu vert exceptionnel de Séoul, qui s'était empressé de préciser qu'aucune délégation officielle ne serait envoyée à Pyongyang.

Quentin déposa son costume auprès de la responsable du pressing. Angoissé à l'idée de ne pas pouvoir redémarrer, il recherchait dans le lobby d'autres étrangers qui auraient pu les dépanner. Personne. Quant à téléphoner depuis l'hôtel… la communication téléphonique était toujours un challenge intéressant dans le pays. Seuls les résidents internationaux ayant la chance de demeurer plus de six mois sur place se voyaient octroyer le droit de posséder un téléphone portable, avec un abonnement *Koryo Link* réservé aux étrangers. Celui-ci ne leur permettait de joindre que d'autres ressortissants étrangers. Ils ne pouvaient appeler directement un Coréen et aucun Coréen ne pouvait les appeler. Pratique ! Deux lignes téléphoniques pour deux univers parallèles. Ceux venus en délégation ou en visite se voyaient dans l'obligation de déposer leur téléphone portable à la frontière. Pas de taxi, interdit aux étrangers, comme l'étaient les bus, les tramways et le métro.

Occultant le fait qu'il serait sans doute impossible de joindre qui que ce soit, l'équipe des Trois savourait pour l'instant quelques heures hors du compound, comme un filet d'air de liberté, devant un thé au ginseng, qui faute d'être bon, était chaud.

Un rapide tour à la boutique de l'hôtel leur permit de rafraîchir leurs connaissances littéraires. Les titres des publications étaient évocateurs : *Kim Jong-il : Pour un développement constant des mouvements d'ensemble.* Un problème de traduction peut-être ? Ou celui-ci, au titre percutant : *le* Songun *est une éminente ligne révolutionnaire de notre époque et la bannière de l'invincibilité de notre révolution.* Mais Kim Jong-il, dans son éclectisme, s'était aussi penché sur l'art, à travers un ouvrage sobrement intitulé *Des Beaux-Arts.* Il n'y avait là que l'embarras du choix, car son père aussi avait produit en cascade une œuvre prolixe, oscillant entre *Pour une meilleure restauration du tombeau du roi Tongmyong* et *Anéantissons les envahisseurs par une riposte résolue.* Se trouvaient là aussi quelques DVD qui mettraient mal à l'aise les Robins des Bois et les Nuls réunis, tant ils s'avéreraient être loin de la notion fondamentale de « second degré ».

« Bon, ça y est, on a fait plus ou moins le tour, là, non ? »

L'heure fatidique du retour avait sonnée.

« Kouikou kouikou come. Mister Chol ! Help !! »
DREADLOCKS THE TIME IS NOW_The Gladiators

Le lendemain matin, samedi 24 décembre, Quentin se leva avec l'humeur de Dark Vador. Une brume légère dans ses cernes annonçait un début de journée qui devrait se négocier âprement pour ne pas devenir affreuse. Pas d'eau au robinet. Bac rouge de réserve vide. Oh, erreur ! Quentin se para d'un jogging bleu roi et du premier pull sur lequel il put mettre la main. Fouillant dans ses souvenirs, il ne se rappelait pas avoir déjà été aussi éloigné de l'esprit de Noël qu'en cette matinée de réveillon. Le café qu'il avala lui permit à peine de gagner quelques points d'énergie, car il n'avait bien évidemment pas pensé à acheter de pain.

Quentin venait de se renverser du café sur les genoux ; il avait entrepris l'inventaire des jurons néerlandais impliquant Dieu, des objets contondants et différents animaux, quand il entendit frapper à la porte.

« *Kouikou kouikou come!* C'était Mme Park, la femme de ménage. *Chol, help!*

– Quoi ?

– *Kouikou kouikou come! Chol help!* » répéta-t-elle d'un air affolé.

Imaginant déjà mille catastrophes probables mettant en scène son traducteur gisant sur le sol, tout bleu ou ensanglanté, Quentin enleva à regret son jogging pour le remplacer par un jean's et descendit quatre à quatre les escaliers.

Il surgit en trombe dans le bureau.

« Qu'est-ce qui se passe ? »

Chol, rasé de frais, en costard et en cravate, qu'il ne quittait plus en cette période de deuil, le considéra avec surprise, voire un léger mépris devant la mise de son chef français. Il avait l'exacte allure de ce qu'il était à ce moment précis : un type sale, pas rasé, à peine réveillé et d'une humeur exécrable.

« Madame Park avait l'air paniquée, je n'ai pas pris le temps de m'habiller. Un problème ?

– Oui, Quentin. »

Quentin s'imaginait déjà avec lassitude se faire admonester pour son escapade diurne à l'hôtel Koryo. Au lieu de cela, Chol commençait à lui parler du comportement de Cédric, à quel point il avait jeté l'opprobre sur toutes les organisations européennes, que ce comportement... Quentin l'interrompit :

« Attends, comment ça, *collègue* ? C'est pas du tout pareil, c'est une autre structure, rien à voir. Et puis ça pouvait pas attendre lundi ?

– Notre officier de liaison veut te parler.

– Il est là ?

– Il arrive. »

Au bout d'une demi-heure :

« Il arrive, mais quand ?

– ...

– Non parce que ça fait une demi-heure, là, s'énerva le Français, tu ne veux pas l'appeler ? Je n'ai pas pris de douche, on est samedi, tu sais pour nous c'est un jour de congé. Alors si vous voulez venir au bureau, moi, ça ne me dérange pas, mais il faut respecter le fait que nous, nous ne travaillons pas ce jour-là. »

Chol appela monsieur Ri.

« Il arrive.

– Non, parce que déjà on est retenus prisonniers dans notre compound, j'aimerais pouvoir être tranquille chez moi, les jours où on ne travaille pas. Ça fait des jours et des jours qu'on se trimbale en costard. Tu sais que chez moi, en France, je ne mets jamais de veste ? »

Chol s'énerva quelque peu :

« Quentin, tu ne peux pas dire qu'on vous retient prisonniers...

– C'est le cas pourtant ! s'emporta Quentin, bien décidé à passer un peu ses nerfs sur son traducteur.

– C'est pour votre sécurité. On ne sait pas ce qui peut se passer. Vous êtes libres de circuler comme vous voulez.

– Non, ce n'est pas vrai Chol, on est coincés ici.

– Vous n'êtes pas si coincés, par exemple, tu es bien allé au Koryo, hier ?

– Comment tu sais ça ?

– ...

– Tu vois, tu peux pas me dire qu'on... »

Coupant court pour ne pas s'aventurer sur des mots comme *liberté*, *autodétermination*, Quentin se contenta de lâcher dans un soupir :

« Bon, qu'est-ce qu'il me veut, monsieur Ri ?

– Je crois qu'il a beaucoup souffert de l'attitude de votre compatriote.

– Arrête de faire le lien avec nous, il est belge en plus, je crois, je suis même pas sûr. C'est comme confondre la Corée avec la Chine. Tu connais ces différences, non ? Et puis quoi, il aurait pu m'en parler lundi, non ? Je suis sûr qu'il n'aurait pas agi de même avec monsieur Yuri. S'il n'arrive pas, je pourrais peut-être aller prendre une douche ?

– Il va arriver, il me l'a dit. »

Quentin attendit donc. Un quart d'heure plus tard, monsieur Ri arriva, lui aussi, rasé de frais et en costume tout neuf. Il considéra Quentin d'un air un peu pincé. Le jeune Français sentit soudain le rouge lui monter aux joues. Depuis son arrivée, il portait veste et chemise en lieu et place de son habituelle barbe de trois jours et de ses tee-shirts à motifs, tant par respect des mœurs locales que dans l'idée d'affirmer sa position de chef. Cela faisait partie du code qu'il s'était fixé pour s'imposer auprès des Coréens. Cette posture était en train de se fissurer en quelques instants et il avait l'impression d'être un collégien dans l'attente d'une réprimande de son directeur pour un trou dans son jean's. Il ressentait une réelle humiliation et avait l'impression que tout cela n'était pas le fruit du pur hasard. Il essaya de reprendre de la contenance :

« Monsieur Ri, ça fait deux heures que je vous attends, je n'ai pris ni petit déjeuner ni douche, alors j'espère que ce que vous voulez me dire est important.

– Monsieur Quentin, l'attitude de votre collègue...

– Mais arrêtez de dire que c'est mon collègue, ou mon compatriote. Nous travaillons dans des organisations séparées. Chol m'a déjà fait part de votre grande déception à tous. Inutile de s'étendre sur le sujet.

– Vous savez, Monsieur Quentin, que le deuil qui frappe notre pays est vraiment très douloureux pour tout notre peuple.

– Oui, j'ai pu à plusieurs reprises le constater et démontrer ma solidarité vis-à-vis de votre tristesse.

– Merci. Dans ces circonstances de grand deuil, je pense qu'il est préférable pour votre sécurité de ne pas sortir dans la ville et de rester dans le compound.

– Merci de vous préoccuper de notre sécurité, Monsieur Ri, mais nous sommes des adultes responsables et...

– Oui, mais l'attitude de votre... de monsieur Cédric a été très, très mal perçue. L'image de nos organisations européennes est très basse. Je vous demande, s'il vous plaît, de fêter Noël très discrètement pour ne pas que cette fête soit mal perçue par nos concitoyens.

– Monsieur Ri, Noël est une fête traditionnelle très importante en France, mais elle est aussi une fête familiale, très calme. En France, par exemple, nous ne dansons pas le jour de Noël.

Ce n'est pas comme le Nouvel An. »

Quentin faillit poursuivre sur le fait qu'avec toute la nourriture qui était ingurgitée ce jour-là, les Français étaient de toute façon trop lourds pour danser, mais estima que la pénurie alimentaire structurelle en Corée du Nord rendait le propos déplacé.

« Au Nouvel An, ce sera pareil, monsieur Quentin. S'il vous plaît, évitez de trop rire, de rire trop fort. Si vous pouviez également ne pas sortir en ville. Restez tranquillement au compound, s'il vous plaît. Car si vous allez au restaurant, et que vous êtes nombreux, ça commence tranquillement et après, vous riez, et ça risque fort d'être mal perçu dans notre Nation. Vous savez, le peuple coréen est en deuil de la perte de notre Cher et Grand Leader qui s'est tant sacrifié pour nous. On ne sait pas comment peuvent réagir nos concitoyens qui se sentiraient outragés pas votre comportement. »

Quentin sentit la boule dans sa gorge en imaginant les jours à venir, puis se souvint qu'il passerait le Nouvel An à Pékin. Il respira donc et évita d'être désagréable, car il avait quelque chose à demander.

« Vous savez, Monsieur Ri, nous comprenons bien la situation et compatissons avec vous. Nous avons assisté à toutes les cérémonies, avons eu une attitude très respectueuse. Mais nous commençons à nous sentir un peu étouffés dans le compound. Vous savez, il y a beaucoup de travail en ce moment, nous avons besoin de nous détendre, de sortir. Bien sûr, il ne s'agit pas d'aller faire la fête dans la ville, mais faire un tour, se balader.

– Oui, je comprends, Monsieur Quentin. Attendez là, je vais discuter avec monsieur Chol. »

Il prit une cigarette et rejoignit Chol dans l'espace fumeur des chauffeurs. Quentin, sa barbe, son jean's et sa mauvaise humeur attendirent dans le bureau.

Monsieur Ri revint avec un air toujours compassé, mais également satisfait de la proposition qu'il s'apprêtait à faire.

« Monsieur Quentin ; je suis d'accord pour que vous alliez en ville, mais avec monsieur Chol.

– Mais…

– Ce que je vous propose, c'est d'aller cet après-midi à la colline des Martyrs pour déposer une gerbe de fleurs à la mémoire de la camarade Kim Jong-suk. Demain matin, vous pourriez aller au palais du Peuple et à d'autres endroits où se tiennent les commémorations. »

Kim Jong-suk, mère de Kim Jong-il est née le 24 décembre, ce qui fait que nos amis coréens ont aussi quelque chose à fêter la veille de Noël.

« Et comment faudrait-il s'habiller ?

– Oh, comme hier, c'est bien.

– Vous voulez dire en costume, encore ? Ce n'est pas vraiment ce que j'entendais par se détendre. J'ai passé plus de temps en costume cette dernière semaine que durant toute ma vie. »

Monsieur Ri considéra le Français d'un air surpris.

Chercher à ne pas offenser ses homologues coréens aura été une occupation à temps plein pour Quentin, qui déclina poliment l'offre de l'officier de liaison :

« Je vous remercie pour votre proposition, Monsieur Ri, mais je pense que Chol a le droit de passer un peu de temps en famille. Et franchement, je n'ai pas envie de me remettre en costume. J'ai beaucoup de respect pour votre douleur, mais il faut comprendre que ce n'est pas mon deuil. »

Monsieur Ri hocha la tête, visiblement déçu par le refus. Quentin prit congé et s'effondra dans sa chambre. À quelques milliers de kilomètres de là, sa famille s'apprêtait à fêter Noël sans lui, avant de le rejoindre dans cette maison de fous.

Les récents événements étaient en train de démontrer à quel point la présence étrangère était tout juste tolérée dans le pays ; la mort de Kim Jong-il avait mis dans toute sa froide lumière de néon, la fosse des Mariannes qui existait entre le peuple coréen et le reste du monde. Quentin se rendait compte avec une implacable lucidité qu'il ne connaissait absolument pas ces gens avec qui il venait de passer trois mois. Les connaîtrait-il un jour ?

Il se résolut à faire preuve d'une prudence accrue, car il lui semblait que la surprise et l'instabilité étaient ici érigées en statues immenses du type plomb recouvert de dorures.

La journée passa. Bien résolu à lâcher un peu de lest pour libérer quelque peu son sternum, Quentin se vida la tête devant quelques épisodes de *Kaamelot*, la piscine étant inaccessible pour la troisième semaine consécutive. Il voulait être digne et un peu enjoué pour son coup de fil avec Sarah. Il savait qu'elle avait quasiment bouclé tous les préparatifs et qu'elle traversait une période difficile : doutes sur leur avenir dans ce radieux pays, tristesse de quitter leur vie d'avant, familles, amis. Il tenta de faire le vide en lui et de quitter sa chape de plomb, le temps d'un coup de fil, avant d'aller fêter Noël le plus tristement possible, suivant les consignes de son officier de liaison.

[Journal de Sarah]

Cher journal,

Voilà bien longtemps que je ne me suis pas mise en contact avec un journal dit intime. J'ai bien tenté l'expérience à plusieurs reprises lors de ma jeunesse, mais la régularité n'a jamais été mon fort.
Aujourd'hui c'est différent. Je me prépare à vivre un truc peu ordinaire et le bouillonnement dans lequel je me trouve actuellement me pousse à prendre un papier et un crayon, tout simplement, pour coucher quelques pensées que je ne peux malheureusement pas partager aisément avec mon entourage en ce moment. D'abord, parce que je n'ai pas trop le temps de passer du temps avec mon entourage et aussi, parce que mon entourage n'est pas tout près de moi.

Pour commencer, je me suis mariée il y a tout juste dix semaines et ce contre toute attente. Je ne pensais pas échanger des bagues un jour ! Même pas avec Quentin, qui partage ma vie depuis quinze ans. Et pourtant… Je me suis donc engagée devant témoins à la direction morale et matérielle de ma famille, au respect, à la fidélité, au secours et à l'assistance. Ce n'est pas rien ! Cela implique aussi la communauté de vie, mais pour ce point précis, ça « démarre » mal ! Vingt jours après cette belle fête familiale et pleine d'amis, Quentin nous laissait tous les trois, Maxime, Colin et moi, pour partir en éclaireur en Corée du Nord.

Je reviens tout juste de la gare. J'ai laissé mes deux petits bouts dans le TGV, avec leurs casquettes SNCF sur la tête. Autour du cou, une étiquette indiquait le nom, l'adresse, le numéro de téléphone de leurs grands-parents qui les récupéreront dans trois heures à Paris avec leurs sacs crocodile et abeille sur le dos. J'ai bien tenu le coup sur le quai de l'autre côté de la vitre en agitant mes mains pour leur envoyer des bisous, mais dès que j'ai été en dehors de leur champ de vision, je me suis effondrée comme une nouille. J'ai pleuré comme une enfant qui se rend compte qu'elle a perdu ses parents dans un grand magasin une veille de Noël. Parce que perdue, je le suis ! Et Noël, c'est dans trois jours !

Maintenant que je suis seule à la maison, posée sur mon canapé, mon journal entre les mains, je prends la mesure de tout ce que j'ai déjà bouclé pour être prête dans une semaine. Et là, je me dis : bravo, Sarah ! La maison est louée à partir du 2 janvier, cette poubelle de R19 est vendue (bon débarras !). Maxime est inscrit au CNED et j'ai organisé son anniversaire un mois en avance pour qu'il le fête avec ses copains. Colin a aussi eu droit à une fête de départ avec ses potes (un autre jour). Trente-cinq kilogrammes de livres pour enfants sont partis par La Poste et les deux tiers sont déjà arrivés à Pyongyang, les passeports sont quelque part entre

la délégation nord-coréenne à Paris, le siège et la maison, on est bien dans les temps pour les visas, et les enfants sont dans le train pour passer quelques jours de vacances chez Papy et Mamy. Bon, ça c'est fait. Je suis dans la dernière ligne droite.
Le gros dossier qui me reste c'est de vider la maison et faire les bagages. Ah oui, quand même ! J'ai trois jours pour ça. Mais comme je travaille encore, disons plutôt que j'ai trois nuits devant moi. Ça va le faire. Ensuite, je pars rejoindre les enfants pour un Noël presque normal, chez mes beaux-parents. Ce bain de famille, que je sais d'avance rassurant me fera plus de bien encore qu'un massage shiatsu ET une séance de réflexologie plantaire réunis. Accessoirement, je passe un entretien d'embauche sur Paris le lendemain de Noël pour un boulot à Pyongyang. Il est fait pour moi ce job, c'est évident ! Quentin a l'air de dire qu'on trouvera une solution pour les enfants sur place, je lui fais confiance.
De toutes façons, on est comme des chats, on retombe toujours sur nos pieds.
C'est pas tout ça, cher journal, mais j'ai du pain sur la planche !

« Où sont les *humiliations* de Noël ? »
FAIRY TALE OF NEW YORK_The Pogues

Le soir venu, un couple d'Italiens rassembla les quelques étrangers qui étaient encore présents sur le territoire : quelques Russes, une poignée d'Italiens, deux Français, une Suédoise, une Zambienne. Personne ne se connaissait trop. À l'entrée, Giuseppe et Anna, avaient mis un placard « Ami, toi qui rentres ici, laisse tes soucis sur le pas de la porte. Joyeux Noël ! » L'intention, assurément, était louable, mais le cœur n'y était pas. Ivana, fortement éprouvée par des épisodes survenus sur place mais aussi dans sa vie personnelle, à des milliers de kilomètres de là, entreprit de boire un peu tout ce qui passait par là, voire même un peu plus. Quentin arrosa d'alcools divers les boules coincées dans son gosier et au fond de son ventre, sans même parvenir à s'enivrer. Il tenta de participer assez distraitement aux discussions plates qui rythmaient le dîner, car c'en était un, en attestaient la table dressée avec de jolies guirlandes violettes et les assiettes IKEA Pékin.

Heureusement, Ivana mit un peu d'animation en braillant à sa voisine de table hollandaise qu'elle était lesbienne et que ça personne ne le savait et que sa copine lui manquait :

« Cette salope est en train de s'approprier ma vie : elle fait du bateau, alors qu'avant de me connaître elle en avait jamais fait, sort avec mes amis, va dans les endroits que je lui ai fait connaître ; elle fait même de l'escalade maintenant ! »

Tous portaient sur leurs épaules un peu basses les stigmates d'une période particulièrement éprouvante, mais la Hollandaise commençait à être gênée. Elle lui disait gentiment *chut !*, alors qu'Ivana enchaînait cul sec les verres de vodka, qu'insidieusement un des comparses russes, Sacha ou Sergueï, continuait à lui administrer, sans doute avec une quelconque arrière-pensée.

Elle criait, en anglais, pour être sûre que tout le monde comprenne :

« On s'emmerde, quand même, c'est le plus chiant Noël de tous les temps ! »

Tout le monde faisait semblant de ne pas entendre et Quentin étouffait son rire déplacé dans sa serviette pour ne pas vexer leurs hôtes. Ça lui aurait fait du bien d'éclater un bon coup, pourtant. Ah, cette fichue bienséance ! Mais il ne pouvait s'empêcher de penser qu'ils faisaient là un bien bel effort, et que ce ne serait pas très sympathique d'éclater de rire à ce moment-là.

En point d'orgue de la soirée, leurs hôtes avaient organisé un tirage au sort, indiquant à qui on offrirait son présent. Ivana se leva d'un bond, comme frappée par la foudre et tituba. Son visage avait une teinte de jambon avarié, annonciateur de vomissement. Quentin se leva dans la foulée, et, finalement soulagé de trouver un bon prétexte pour filer, se précipita vers elle et lança un regard entendu aux autres convives.

« Bon, ben, encore un joyeux Noël !

– Tu reviens après ?

– Sans doute, mais il faut que je skype aussi », esquiva le Français.

Ivana avait déjà commencé à descendre. Quentin tenta de la rejoindre dans l'escalier, qu'elle dévalait à une vitesse assez inquiétante. Au moment où il parvint à sa hauteur, Ivana s'effondra.

Quelques glissades plus tard, Ivana était dans son lit avec une cuvette à côté en guise de cadeau de Noël.

« Papa, Papa, le père Noël, il m'a amené des Lego, i' sont trop beaux avec un vaisseau que Papy, il m'a construit, maintenant il fonce comme ça. *Fsshh !* fit Colin en postillonnant sur l'écran. Et on est allés sur des champs déguisés, on a vu les *humiliations* de Noël. »

Le papa en question sentit monter les larmes, implacables. Il inspira profondément pour ne pas gâcher cette joie pure.

« Mais quand même, tu nous manques, Papa, Maman, elle dit qu'on se voit bientôt à Pingpong. Y'a d'la neige ?

– Oui mon grand, il y a de la neige. Vous aussi, vous me manquez. Je vous embrasse, un joyeux Noël à tous. Je vous aime. »

Il raccrocha immédiatement en écrivant dans la foulée un message à Sarah « trop dur, ils sont magnifiques, trop ému, pas envie de pleurer et de gâcher leur moment. *T'm* »

Il se remémora leur dernier Noël, avec Maxime et Colin, des étoiles dans les yeux, lui le nez dans les cheveux de Sarah, considérant d'un air ému ses enfants tout excités, déballant les beaux paquets. Un peu tout le contraire de ce qu'il vivait là, accompagné d'une mauvaise cuite et des bruits de vomissements d'Ivana. Il avait la boule de Noël au fond de la gorge.

Gueule de bois en fer

SOBER SONG_Noir Désir

Le jour anniversaire de la naissance de Jésus Christ, et le lendemain de l'anniversaire de naissance de Kim Jong-suk, Quentin se réveilla avec une gueule de bois de force cinq sur l'échelle du Père Julien. La bouche sèche, il se rendit dans la cuisine pour se désaltérer. Pas d'eau dans le distributeur. L'eau n'est pas potable au robinet de Pyongyang. Tous les appartements et bureaux étaient donc équipés de distributeurs d'eau, qu'il fallait approvisionner avec des bidons de vingt litres. À chaque fois que ce genre de déconvenue survenait, il se promettait d'avoir toujours un bidon d'avance, comme dans une pub, mais il abandonnait systématiquement cette idée prévoyante lorsqu'il avait monté les vingt litres sur cinq étages. Bref. Trente minutes plus tard, avec une respiration de bœuf labourant une rizière fraîche, il parvint à placer le bidon sur le distributeur. Alors que le bruit agréable des grosses bulles indiquait une proche réhydratation, il ouvrit le frigo. Rien. Retour à la case départ. Direction *Pyongyang shop*.

Le magasin était de moins en moins bien achalandé, mais il fallait sans doute être reconnaissant qu'il fût encore ouvert. Aux dires des Coréens, la plupart des magasins en ville et les marchés étaient fermés pour cause de deuil.

Du riz, de la *Taedonggang Meïkchou* qui manque rarement, un peu de fromage, enfin si on peut appeler ainsi une pâte insipide en provenance d'Allemagne, au prix du meilleur parmesan de chez Hédiard, quelques paquets de pâtes, le plus cher café du monde, et, après hésitation, quelques fruits et légumes. Le seul endroit où s'approvisionner en fruits et légumes comestibles était le marché, fermé pour la période. Les pommes du *Pyongyang shop* avaient bien une couleur de pomme, mais elles étaient loin d'en avoir le goût. Quelques carottes et concombres, à la rigueur. Son panier, d'une austérité toute soviétique, lui donnait autant envie de fêter Noël que de se rendre à un meeting de Xavier Bertrand. Ce soir, il y avait une nouvelle tentative de réunir plusieurs expatriés déprimés et qui ne se connaissent pas autour d'un repas morose. Noël, le retour.

Il avait pourtant conscience qu'il était indispensable de se réunir ainsi, car le moral de la communauté internationale était réellement au plus bas ; il fallait montrer de surcroît aux Coréens qu'ils n'avaient pas annihilé toute humanité occidentale chez les travailleurs internationaux. Venus travailler pour le Programme alimentaire mondial, les Nations Unies, la Croix-Rouge, ils avaient pour la plupart évolué dans des zones de conflits armés, Afghanistan, Soudan, Irak... et pourtant, le climat de tristesse que tous subissaient à Pyongyang, combiné à une privation de liberté de mouvement, voire d'expression de leurs sentiments, était de l'avis général quelque chose d'insupportable.

« Donne-moi une bonne vieille situation d'urgence, même avec des bombardements, des déplacés, des camps de réfugiés, ça sera moins dur que ce harcèlement mou, cette grosse masse informe et grise de pression, de tristesse ; et on aura l'impression de servir à quelque chose, dit un humanitaire, lors de ce deuxième repas de Noël que Quentin classa rapidement dans la catégorie de ceux qu'il faudrait rapidement oublier.

– Ici, on n'est pas dans l'urgence, par contre, on est toujours sous pression. On nous reproche sans cesse plein de trucs, c'est jamais assez. Les Coréens sont tellement fiers qu'ils ne peuvent admettre une présence étrangère que si elle leur achète des trucs, sans pouvoir contrôler, sans remettre jamais en cause...

– Donne le pognon et casse-toi...

– Ouais c'est ça, et surtout ne vient rien contrôler. Ils la jouent offensés quand on vient demander des comptes sur les achats que nous avons faits.

– Et puis, je vois ça sur mon projet, au début, tout le monde a l'air très sûr de lui. Il n'y a aucun problème sur la technique, tout le monde est compétent. Ce qu'il faut, pour eux, c'est du béton, du fioul, du matos, des semences.

– En même temps, c'est pas tout à fait faux. La grosse limite ici, c'est le consommable, l'énergie et les routes, non ? S'il y avait suffisamment d'énergie, je pense qu'ils se débrouilleraient super bien.

– Oui, enfin ça, c'est qu'ils nous disent, n'empêche qu'à force de n'avoir aucun contact avec le monde extérieur, certaines connaissances sont restées drôlement figées.

– Ouais, c'est pas faux ; notre expert agro, il est très bon sur les méthodes intensives, qu'ils n'ont pas les moyens de tenir, sol merdique, pas d'engrais, pas d'intrants en général ; mais quand on commence à aborder des méthodes un peu économes, voire de parler de l'herbe pour nourrir les vaches, ça commence déjà à être plus problématique…

– Et là, c'est pas demain la veille qu'ils vont s'ouvrir. Ils viennent de se refermer comme une huître.

– Oui, ils ont tiré les rideaux, comme des enfants qui viennent de perdre leur papa violent et qui ne veulent plus voir personne, car personne ne peut comprendre qu'ils soient tristes.

– Et les invités qui sont présents dans la maison, ben s'ils ne dégagent pas, il faut qu'ils se fassent tout petits…

– Ça commence à peser sévère, les têtes d'enterrement 24h/24, la prison…

– Et le tube, là ?

– Moi maintenant, je baisse le son de la télé et je ferme la porte quand elle passe !

– Ce qui est fou, c'est qu'ils la supportent encore !

– Remarque, par rapport à ce qu'ils écoutent d'habitude, c'est pas pire !

– Dis donc, je pense qu'il est temps pour toi et moi de faire un petit break hors du pays, là, non ? On est limite en train de virer racistes et cyniques.

– Oui mais ça défoule, quand même ! Et puis, si on peut pas se dire ça entre nous… Il faut bien lâcher un peu la soupape, non ?… »

« Sa mère, le deuil ! »
TOWN WITH NO CHEER_Tom Waits

Ah ! Le lundi ! Retrouver les collègues coréens épuisés d'avoir passé le week-end à prendre des quarts dans les différents lieux de commémorations, afin que les fresques et les bouquets de fleurs en papier ne se retrouvent jamais seuls ! Plus personne ne souriait. Plus du tout.

Sarah avait demandé à Quentin lors d'un Skype si la douleur des Coréens était feinte ou non. Les images des différentes commémorations montraient des Coréens se jetant à terre, s'arrachant les cheveux. Les trois quarts du monde semblaient alors se rire de cette douleur supposée factice. Difficile de se prononcer, tant l'accès à l'intimité des Coréens était aussi limité que la vie d'une mouche. Quentin ne connaissait du peuple coréen que ses sept collègues, plus quelques employées, vendeuses et serveuses.

Ces sept-là, c'est-à-dire le staff de l'organisation dans son ensemble, paraissaient dévastés. Leur tristesse apparaissait bien réelle, en tout cas dans les premiers temps. Elle fut sans doute remplacée progressivement par la fatigue, la surveillance mutuelle, l'inquiétude dans l'avenir… ce qui les amenait au moins à surjouer leurs émotions. Le spectacle offert par la foule de Coréens pleurant leur idole fut néanmoins très impressionnant et forcément difficile à concevoir pour des Occidentaux comme un vrai élan de tristesse. Quoique. Nous avons nos équivalents : Michael Jackson, Lady Diana. Comment réagiront les Français quand Johnny Hallyday fera réellement sa tournée d'adieu ?

Il était dix heures du matin et les premières notes de la chanson de deuil retentissaient déjà, encore et toujours depuis la salle télé, collant immédiatement au cortex. Ça s'en allait et ça revenait, un peu comme une chanson populaire. Du coup, faisant fi des remontrances reçues peu de temps auparavant, Quentin envoya un sms à Nicolas et Ivana :

« Si on va pas se faire un resto ce soir, je me coupe l'oreille, façon Van Gogh !

– Tu crois ? On tente l'hôtel Koryo, avec portable ? » répondit Nico.

Et plus sobrement, Ivana :

« Ok. À fond pour, moi aussi. »

Le soir était déjà tombé, les collègues coréens avaient quitté le bureau, la voie semblait libre. Quentin se mit avec délectation au volant, faisant chauffer le moteur, avec un sentiment de transgression et de liberté. À la sortie du compound, le garde s'avança ; Quentin décida de l'ignorer et le vit dans le rétroviseur décrocher son téléphone rouge. Le même que celui avec lequel Kennedy et Krouchtchev s'appelaient à la grande époque, posé sur une table avec un fil partant vers le sol.

« Oh non ! On est en train de caler !

– C'est pas vrai ! Là, on est dans la merde si on se retrouve en panne la nuit !

– Non, mais là, c'est une blague en fait ! »

Rires soulagés.

« Dis donc, ça faisait un bon moment que je n'avais pas ri.

– Et pourtant, on ne porte pas de costume marron qui gratte avec un pin's ! »

L'équipe des Trois, un fou rire refréné au fond du ventre, arriva dans un hôtel Koryo tout de marbre et de silence.

« On dirait une tombe.

– Prenons le *Kim Jong-il-escalier mécanique*, mes amis ! », dit Ivana qui cette fois leur fit déclencher un rire à s'en tirer les larmes.

Parvenus à l'étage, ils furent accueillis froidement par un garçon en livrée qui secouait de droite à gauche sa main, indiquant ainsi qu'il ne souhaitait pas qu'ils empruntent l'ascenseur. Ivana lui signifia par un geste de baguettes portées à la bouche et une main qui tourne, que l'idée était d'aller manger au restaurant tout là-haut. Cette performance de mime ne suffit pas à faire changer d'avis leur interlocuteur.

« Pourquoi t'es là, alors, si on peut pas monter ? » dit Quentin, agacé.

Le garçon d'ascenseur répondit sur le même ton en coréen, ce qui était de bonne guerre. Son collègue le rejoignit et Quentin s'adressa à lui en anglais :

« Mes amis et moi-même souhaitions juste monter au restaurant tournant qui fait la gloire de l'hôtel Koryo, déguster les merveilleux plats qui y sont proposés. »

Contre toute attente, il finit par dire quelque chose à son collègue, qui, de mauvaise grâce, laissa passer les trois compères. L'ascension des quarante-six étages, comme à l'accoutumée, provoqua un frisson dans le dos de Quentin. Le nombre de coupures de courant qui survenaient en cette période n'y étaient pas totalement étranger.

« C'est peut-être parce que le gars savait qu'il allait y avoir une coupure de jus qu'il ne voulait pas nous laisser passer. »

Ils se mirent à rire nerveusement. Au vingt-cinquième étage, la lumière faiblit pendant quelques secondes, ce qui occasionna une nouvelle décharge dans l'échine de Quentin. La lumière se fit de nouveau, accompagnée d'un triple soupir de soulagement.

Ils étaient les uniques clients du restaurant. Un bruit de moteur se fit entendre. Le mécanisme de rotation démarra, entraînant la plate-forme du restaurant tournant. Tour de Pyongyang, m'sieurs dames !

Les *dongmu* serveuses étaient sinistres, complètement tassées par le deuil. Les traits tirés, elles écoutaient en boucle la marche funèbre qui passait à la télévision, entrecoupée des litanies larmoyantes de la speakerine vedette de la télévision nationale.

« Oh non ! Ça nous suit partout »

Nicolas reproduisit les premières notes de la mélodie, imitant le trombone, ce qui fit pouffer ses compères comme des mômes.

La serveuse, équipée d'un costume traditionnel et d'un sourire mélancolique les conduisit à leur table dans un bruissement d'étoffe. Ils surplombaient la ville faiblement éclairée, magnifique. De chaque côté du Taedong, la tour du Juche et la place Kim Il-sung étaient bien entendu illuminées, ainsi que les quatre ponts qui la traversent. Côté Juche, on pouvait deviner le monument du Parti des travailleurs et son immense esplanade ; exactement dans son axe, la colline Mansudae où se tenait la statue de Kim Il-sung et le fameux Chollima, cheval volant, symbole de progrès fulgurant, surplombait le fleuve. Les lumières éclairaient des housses sur la colline. Elles recouvraient la fameuse statue de Kim Il-sung et une seconde, sans doute de Kim Jong-il, qui sera dévoilée au public quelques mois plus tard.

Avec un air exagérément triste, la serveuse leur tendit les menus avec des *hasmida* à peine audibles.

« *Kamsamida. Meïkchou segue. Chatouri hana* (merci, trois bières et un cendrier). » lui dit Quentin, d'une voix murmurée et affectée. Ses deux acolytes n'en purent plus et, aussitôt la serveuse éloignée de la table, partirent en éclats de rire étouffés.

« Elle ne se rend absolument pas compte de son potentiel comique.

– Oh là là, si elle continue à parler comme ça, on va se faire évacuer *manu militari* !

– En même temps, on aura peut-être la nausée avant même de commencer à manger. Ça ne vous met pas le roulis, le truc qui tourne ?

– Le truc, c'est qu'on n'arrive pas à faire le point. Qu'est-ce qui tourne, la base, les fenêtres, ou le milieu ?

– Et il y a des à-coups, non ? »

Parce qu'il venait de démarrer, le plateau tournait effectivement par à-coups, produisant l'effet d'un vieux manège perché à cent mètres au-dessus du sol.

Joie ! Bières, cigarettes ! D'importation ! Renversant la tête en arrière, tirant un rond de fumée, nos trois Européens savouraient cet instant, lorsque, tout à coup, le son de la télévision augmenta.

La serveuse, qui avait agrémenté son air désolé d'une mimique désapprobatrice devant leurs mines réjouies, déposa une plaque chauffante de calamars et de salade de saison ; un triple *ha !* de satisfaction salua le geste.

Les baguettes en métal s'entrechoquèrent de concert puis cueillirent les tentacules immergés dans la sauce.

« Vous pensez qu'ils passent du volume en ce moment, niveau fruits de mer ?

– Oui, il y a des délégations par-ci par-là. Par contre, ils ne doivent pas trop être approvisionnés en ce moment.

– Enfin, pas sûr, si ça se trouve, ils ont leur réseau de distribution indépendant.

– Bref, on n'en sait rien.

– Comme pour le reste.

– En tout cas, ils sont encore approvisionnés en ail !

– C'est clair ! Ça doit être inscrit dans le Juche *jamais tu ne manqueras d'ail, ou ta famille entière moisira en camp de travail.*

– Chut ! Quand même, il faut considérer qu'on est en permission. Prison avec sursis. À la moindre connerie, on risque d'être privés de sortie.

– Officiellement, on n'est privés de rien.

– Nous, dans notre bureau, ça nous a été demandé de manière officielle, de ne pas sortir du compound.

– Nous, ça a été suggéré.

– Et nous, le siège nous a fait la même recommandation.

– Ah oui ? Nous, ils nous laissent voir.

– Tu me diras, le résultat est le même. On n'a pas le droit de sortir et on est sortis quand même.

– D'ailleurs, il avait raison, monsieur Ri. Le risque était qu'on se marre, et là, ça rate pas, tu mets trois Français avec un peu d'alcool et de la bouffe. Ils font quoi ? Ils parlent fort, se sentent supérieurs et se marrent.

– On est vraiment des dégénérés de capitalistes !

– Et putain, c'est bon !

– Ils ont qu'à rendre ça un peu plus sexy aussi, leur communisme. C'est sûr que tout le monde avec le même uniforme en Tergal, les queues interminables, les tickets de rationnement, plus la musique moisie à tout va, ça fait pas trop rêver…

– Et les micros, ne pas oublier les micros. »

Le trio se regarda et repartit à rire de plus belle.

« J'ai mal partout, de rire comme ça après tout ce temps. Ah là là ! Sa mère, le deuil ! »

Dernier round

EYE OF THE TIGER_Survivor

La mousse laissait entrevoir des zones de peau. L'eau était froide. L'acier accrocha sur le menton. Les poils s'accumulaient entre les deux lames. Tout en tapant son rasoir sur le rebord du lavabo, pâle comme son visage, Quentin se demandait pourquoi chaque année les rasoirs proposaient davantage de lames. C'était pour lui, une des symboliques du capitalisme, faire avec plus et plus cher, pour le même résultat. Que ce soit avec deux ou quatre barres, sa peau séchée par le vent sec de Pyongyang, n'aimait pas cet énième rasage. Tout ça pour faire bonne figure sous le froid et la neige en regardant passer une voiture blindée noire avec un cercueil dessus !

La veille, l'officier de liaison lui avait fait savoir que le grand jour, celui des funérailles, aurait lieu ce jeudi 28 décembre. Il était rentré effondré à l'appartement. Après ce début de semaine sinistre et son week-end, non moins sombre, son moral était au plus bas. Jamais Sarah et les enfants ne lui avaient manqué à ce point. Les deux jours qui le séparaient de leurs retrouvailles lui paraissaient lointains et sa joie de les revoir était occultée par une grande inquiétude quant à leur vie dans ce pays. Se regardant dans le miroir, lui vinrent ces mots : vide, triste, sombre, irrité, inquiet, seul. Il ne supportait absolument plus rien de la part de ses collègues coréens, qui étaient de plus en plus loin sur la planète Juche et de moins en moins accessibles.

« Il t'a dit combien de temps ça va durer ? lui demanda Ivana.

– Il m'a dit deux, trois heures…

– Ça veut dire six heures au moins ! Une journée entière dans le froid ! Ça sera où ?

– Il ne sait pas, tu t'en doutes bien !

– Mais j'en ai marre, qu'est-ce que j'en ai marre ! explosa Quentin. Ils peuvent pas nous lâcher ? J'en peux plus de leurs conneries, de ne pas sourire, de prendre cet air compassé, en costard. C'est pas notre deuil quand même ! Ils peuvent se le mettre, leur deuil. »

On frappa à la porte. Ils retinrent leur souffle. Chol était derrière la porte. D'un air de croque-mort, il leur fit signe de le suivre.

De longues heures plus tard, les Trois rentrèrent dans l'appartement, transis. Pas de lumière. Ivana alla faire chauffer de l'eau. Nicolas versa du rhum au fond d'un grand mug avec une tour Eiffel grise sur fond noir. Quentin s'empara de la tasse et avala le rhum d'un trait.

« T'attends pas l'eau chaude pour le grog ?

– C'était de la torture ! Six heures ! Six longues *Godverdome* d'heures !

– On est restés combien de temps à l'abri ? Une heure ?

– À peine deux heures. Le reste du temps, on est restés comme des glands à attendre sous la neige !

– Et ce monde, partout ! Je n'ai jamais vu ça, dit Nicolas, les yeux dans le vague, en sirotant le breuvage brûlant.

– Dire que c'est un truc de fou ne veut plus rien dire maintenant pour moi. C'est comme si j'avais été plongé dans un bain de folie pure, concentrée. Les gens au passage de la voiture, qui se jetaient à terre, en hurlant. Non vraiment, on pourrait écrire un bouquin sur ce qu'on vit dans ce pays ! dit Ivana.

– Non, mais le pompon, c'est quand même tous les gens qui, sachant que le corbillard allait arriver, ont commencé à enlever leurs manteaux et à les poser sur la route pour que la voiture n'ait pas à rouler sur la neige ! »

Les mains dans les cheveux, grelottant, Quentin revoyait cette scène fantomatique où tous suivirent ce geste fou. Des centaines, des milliers !

« Ils devaient mourir de froid !

– Je sais pas, je sais pas, je sais plus rien. Je suis en colère, atterré, consterné et tous ces mots n'ont pas de sens. Le seul truc qui me vient, c'est *ben, putain !* »

Secouant la tête comme celui qui pour la première fois de sa vie voit passer un avion dans le ciel, Quentin retourna à la cuisine chercher une théière de grog.

« Y reste une bouteille de rhum en stock ? »

La tête dans le pull

TWO AGAINST ONE_Rome feat. Jack White

Le lendemain matin, Quentin avait retrouvé sa proverbiale bonne humeur, déjà en pensée à Pékin avec les siens. Affable, il discuta avec Chol, qui lui avoua que lui-même avait été impressionné par tous ses compatriotes qui avaient jeté leur manteau sur la route au passage du cortège funèbre. Ils passèrent ensuite la matinée à planifier la semaine d'absence de Quentin. Il déjeuna avec le staff à midi, la cuisinière avait préparé une soupe de ravioli, avec une petite friture de poisson tellement chargée de sel, de piment et d'ail qu'il aurait fallu cinq bols de riz pour l'accompagner.

Dans l'après-midi, les Coréens de l'équipe se réunirent dans le hall, visiblement sur le départ.

« Où allez-vous ?

– À la commémoration. »

Ça ne s'arrêterait donc jamais ? Mais cette commémoration-là semblait uniquement destinée aux Coréens. « Grand bien leur fasse ! » pensa Quentin, « À tout à l'heure ! », leur lança-t-il tout en retournant tranquillement à son bureau, pourvu d'un thé bien chaud.

Le jeune ingénieur était occupé à calculer un bilan fourrager, quand madame Park vint le prendre par la main pour le conduire à la salle télé. À l'instar de madame Kim, elle n'avait pas été conviée à cette ultime cérémonie.

Dans la salle dite des chauffeurs, le poste fonctionnait en continu. Ils se placèrent tous trois devant et une sirène retentit au loin alors que défilaient les images du nouveau Leader, Kim Jong-un, entouré par son oncle, qui serait exécuté quelques mois plus tard, et d'autres militaires. La place Kim Il-sung comptaient des centaines de milliers d'individus, qui s'inclinèrent tous d'un même mouvement. Madame Park, sa main toujours dans celle du Français, s'inclina devant la télévision et l'invita à faire de même. Il se retrouva dans cette posture durant trois longues minutes, sa main dans celle de la petite madame Park. La sirène s'arrêta. Madame Kim et madame Park se mirent à pleurer. Quentin prit madame Park dans ses bras et elle resta là, à sangloter, dans son pull. Il fit ensuite un câlin à madame Kim. Elles le remercièrent toutes les deux. Quentin était très touché, car c'était de loin la manifestation la plus sincère de peine qu'il lui avait été donné de vivre depuis la mort de Kim Jong-il.

« Pschitt ! »
PETITE APOCALYPSE_Akhénaton

Il retourna, troublé, à son bureau. Peu après, son esprit se focalisa à nouveau sur ses retrouvailles. C'était tellement proche que cela lui semblait irréel. Il termina rapidement sa journée de travail et alla préparer ses affaires dans l'appartement, faisant fi de tout ce qui lui restait à faire.

Il tria les photos prises durant ce premier séjour. Difficile de savoir quels clichés étaient répréhensibles, les seules photos officiellement interdites étant celles qui représentaient l'armée et des moyens de transport.

Tout à coup, le téléphone sonna. La France. Le siège. Problèmes de visas, dus au deuil. Départ reporté d'une semaine. Vraiment désolé.

Deux minutes plus tard, Quentin était avec Sarah en larmes au bout du fil. Elle en avait bavé pour être prête, tout nickel. Déménagement, assurances, voitures, vaccins, papiers et *tutti quanti*. Elle était écœurée. La perspective du Nouvel An à Pyongyang enchantait Quentin à peu près autant que de passer la soirée en tête à tête avec Nadine Morano. Et puis, il avait placé dans son barrage intime ses torrents d'émotion, de joie et il fallait refouler encore et encore toute cette eau en lui, comme une mangrove dévorée par les moustiques.

Le bon côté des choses est que cette semaine supplémentaire lui permettrait sans doute de se retaper un peu avant les retrouvailles, et qui sait, de retrouver un peu goût à la vie dans ce pays. Car en rejoignant ses enfants à Pékin, il fallait qu'il fasse montre d'un peu d'enthousiasme, pour leur « vendre » la Corée du Nord, comme un pays où leur famille pouvait vivre heureuse. Il décida donc de redresser le menton et d'apprivoiser à nouveau ses sentiments pour retrouver les siens, gonflé à bloc.

Cher journal,

Je suis vidée!
J'étais grave dans les temps, je me débrouillais comme une pro. Tout était prêt. TOUT. Les valises étaient fermées avec leurs petits cadenas, nous devions partir le lendemain. Le LENDEMAIN. Et c'est seulement là que je me suis inquiétée de ne toujours pas avoir reçu nos passeports tamponnés par la délégation nord-coréenne à Paris (euh, pas si pro que ça, en fait). Et c'est alors qu'on m'a dit que non, je ne partirai pas le lendemain mais une semaine plus tard. Une semaine, nom d'un chien! C'est si long.
Résultat, j'erre comme une âme en peine dans ma case départ. Ce soir, c'est le réveillon du Nouvel An. Dire que nous aurions dû le fêter tous les quatre à Pékin. Au lieu de ça, je suis ici, dans mon pays, à ne pas savoir si j'ai envie de faire la fête avec mes amis. On a de sacrés problèmes quand on est libre!

Bah! Plus j'y pense et plus je me dis que je n'ai pas de bonnes raisons pour faire l'impasse sur ce Nouvel An. C'est un cadeau bonus précieux que je

vais pouvoir emporter avec moi là-bas après tout. Et Maxime et Colin aussi vont être contents d'attendre minuit pour crier *Bonané! Bonané!* à tout va. C'est vrai, ça! Une bonne teuf avec de la bonne musique, des bonnes bulles et en compagnie de mes amis de toujours. Un peu de normalité avant le plongeon dans l'inconnu ne nous fera pas de mal. Et puis, ça m'évitera de penser.
Parce que pour penser, je pense... Je cogite même. J'ai peur aussi. Et j'ai envie d'y être. Ça fait des mois que je prépare ce départ, des mois que je suis dans le jus et que j'avance chaque jour un peu plus vers ce pays. Maintenant que tout est prêt, je dois attendre. Allez, c'est décidé, je mets les duvets dans la voiture, on prend les doudous et des BD pour la route, un déguisement de circonstance, et en avant pour 2012!

Hap hap hap pourri!

TU FOUS L'BOURDON_Java

Le Nouvel An se révéla encore plus sinistre que Noël. Après réflexion, Quentin dut se rendre à l'évidence : son passage à l'an 2000 venait de perdre sa première place au palmarès des Nouvel An pourris. Pourtant, rater son passage à l'an 2000, c'était un peu comme rater sa fin du monde! Ils avaient été conviés, Quentin, Sarah et Martin, par un ami de promo dans un trou dont ils avaient ensuite vite fait d'effacer le nom. Le mélange improbable copains d'école et « potes de foot » n'avait fonctionné à aucun instant. Devant le plateau de fromages, Quentin avait fait une tentative de prise de contact avec un inconnu : « Tu devrais essayer celui là, il est super bon. » Le footballeur qui l'avait regardé comme s'il venait de s'apercevoir de son existence, lui avait adressé un « Ah ? » à peine poli et s'était servi de tout sauf de ce qui lui avait été suggéré.

Quentin, Sarah et Martin avaient passé la soirée tous les trois, imbibés d'alcool de mauvaise qualité, bouffis d'ennui et de nourriture médiocre au bord de la piste de danse, remplie d'échos, pendant que les gars du foot, qui avaient sans doute plus le sens de la fête qu'eux, dansaient sur l'air de la « grande échelle » en rang, assis sur des chaises, en agitant leurs serviettes. Martin, les cheveux encore un peu rouges d'un reste de déguisement, les yeux plongés dans une expression d'ennui inimitable, était resté assis seul à table un long moment devant une assiette en carton de fromages à moitié entamés et des gobelets en plastique renversés sur une nappe en papier. Puis les trois pièces mal rapportées avaient fini par s'endormir dans la voiture, pour se réveiller le lendemain, 1er janvier 2000, avec un torticolis et la bouche sèche dans un village isolé de la Somme, pour le dire joliment.

L'atmosphère délétère des dernières semaines avait définitivement eu raison de l'esprit de fête des expatriés de Pyongyang, qui se traînèrent à un dîner de circonstance. Les cernes de Nico s'étaient creusés un peu plus et il était plus pâle que jamais. La morosité accrochée au visage, Quentin et Ivana avaient autant envie de faire la fête que d'embrasser un caniche sur la bouche. Lorsque qu'ils arrivèrent sur place, Giuseppe et Anna souriaient de leur mieux, mais auraient sans doute apprécié que les invités prennent un peu le relais de l'enthousiasme. Fallait-il compter sur Emil, un Serbe visiblement alcoolique et n'alignant jamais plus de quatre mots dans une phrase ? Ou sur Ivana, plus ou moins prostrée ? Nicolas aurait bien aimé venir en aide à ses hôtes mais il ne se remettait pas de sa présence aux funérailles de Kim Jong-il. Il poussait de grands soupirs tout en affichant un sourire forcé pour tenter de faire quand même plaisir à Giuseppe et Anna. Quentin ne dépareillait pas dans cette triste assemblée. Malgré ses bonnes intentions, il était assommé par le fait de reporter d'une semaine ses retrouvailles si attendues et par ce sacré deuil qui aurait lessivé l'enthousiasme d'un chauffeur de stade.

Finalement, cette soirée ne lui laissa presque pas de souvenirs si ce n'est évidemment d'avoir trop bu au regard du bon temps qu'il y avait passé, ce qui est, convenons-en, le propre des soirées ratées. En tout cas, monsieur Ri aurait été content. Ils avaient admirablement respecté la consigne de ne pas faire la fête et de ne surtout pas s'amuser.

C'est pas un peu fini ?

I'M WAITING FOR MY MAN_The Velvet Underground

Le lundi, Quentin eut une sorte de récompense pour ce qu'il avait enduré ces dernières semaines : la fin du deuil fut décrétée. Du jour au lendemain, les Coréens du staff revinrent avec le sourire aux lèvres. Nuit. Jour. Ils se mirent à nouveau à brailler au téléphone, ce qui cette fois, faisait plaisir à voir. Chol vint tout de suite vers lui, d'abord désolé qu'il n'ait pu rejoindre sa famille, puis avec un grand sourire et plein de choses qui tout à coup devenaient super urgentes et vitales pour le projet. Ils fumèrent comme avant sur la terrasse, en quatrième vitesse, car le fameux froid coréen s'était installé pour de bon, avec -19°C le matin. Ils burent à nouveau des

thés ensemble et, oh joie! après la pause du midi, les rires retentirent de la salle de télévision, qui, depuis des semaines, n'avait connu que pleurs et lamentations.
À midi, l'équipe de Trois partit pour une longue balade, afin de profiter de la fin de leur rétention en toute légitimité. Derrière le compound se situait un quartier de maisons basses. Sans doute le seul qui perdurait avec ce type d'habitations, les *hanoks*, suite à la destruction presque totale de la ville pendant la guerre. Dans les ruelles en terre, la neige formait des pistes de luges où les gamins s'élançaient sur des sacs plastiques. Les grands réservoirs à ordures sur pilotis fumaient, dégageant l'incomparable fumet des déchets qui se consument. La neige recouvrait les imperfections du paysage. Au détour de l'avenue provenaient des sons, mi-métalliques, mi-boisés. *Tchac! Clac! Tchac! Tchac! Clac!*

« Qu'est-ce que ça peut être, quelqu'un qui roule avec des chaînes?

– Ou peut-être les carrioles tirées par les bœufs, avec les roues en bois?

– Sûrement pas! On est à Pyongyang ici, pas dans la brousse! »

La réponse leur apparut rapidement, lorsqu'ils débouchèrent sur un grand boulevard. Sur trois cents mètres, des femmes accroupies, plus ou moins emmitouflées, armées de pelles maison, de pioches, voire de simples bouts de bois, cassaient la glace sur la route. Des drapeaux rouges indiquaient un travail d'intérêt général en cours. Trois femmes plus âgées encourageaient leurs consœurs à l'aide d'un porte-voix.

« *Ach*, si j'avais eu mon Samsung, dit Nicolas, paraphrasant l'imitation d'une pub fameuse des Nuls.

– C'est hallucinant!

– Du sel, ça le ferait pas? Ah non, ça abîmerait la carrosserie des 7-27! »

Les véhicules dont la plaque d'immatriculation commençait par 7-27 se trouvaient être généralement de belles berlines aux vitres teintées, souvent de confection allemande. Elles étaient les seules à avoir accès au quartier interdit. Ce quartier de Pyongyang, d'une surface de plusieurs blocs, dont l'accès est gardé par des militaires, était comme son nom l'indique, interdit à la population. Il abritait, selon les dires, les cadres du Parti, ou une sorte d'élite politico-économique. Le comportement des occupants de ces véhicules reflétait la victoire de la barbarie : klaxon pour dégager les petites vieilles qui traversaient, doublage par la droite, les flaques qui éclaboussaient les piétons. Les fliquettes, loin de réprimander les malotrus, prenaient un air gourmand à leur passage, et, les fesses légèrement en arrière, la poitrine dressée, les gratifiaient d'un salut militaire obséquieux.

« Bon, on continue? » dit Ivana, sortant ses deux compagnons de balade de l'hébétude dans laquelle les plongeait cette scène.

Dans le parc, leurs pas compactaient la neige poudreuse en produisant un craquement onctueux. Le soleil, vaillant, parvenait à réchauffer leurs oreilles rougies par le froid. Sur le fleuve, des hommes et des enfants avaient creusé des trous pour pêcher. Les arbres sur les rives portaient des feuilles glacées et des stalactites en guise de fruits. Les fontaines s'étaient figées et la glace scintillait dans les rayons d'un tendre soleil de midi. Les poumons s'emplirent et les têtes se vidèrent. Ils prirent ensuite le temps de chercher un restaurant. Plus exactement, on leur refusa l'accès à deux d'entre eux, avant qu'ils ne trouvent refuge dans un troisième, où ils commandèrent des ravioli frits, du canard à la plaque de cuisson et un *posot poukoum bap*, c'est-à-dire du riz mélangé à des champignons, de premier choix. Ce fut un festin.

De retour au bureau, des éclats de voix et des rires accompagnaient les volutes de fumée qui sortaient des interstices de la porte de la salle des chauffeurs. La parenthèse était fermée. Pour le moment.

Chapitre 2

Voyage intersidérant

ONE WAY TICKET TO THE MOON_ Abba

Mais que diable allaient-ils faire dans cette galère ?
DEBOUT LÀ D'DANS_Ministère des Affaires Populaires.

« La Côte d'Ivoire, qu'est-ce que tu en penses ? Il y a un chouette poste sur la filière banane. C'est à Abidjan. J'y retournais bien, dit Quentin, le visage bleui par l'écran de son ordinateur.

– Tu t'y connais en bananes, toi ? Ça craint un peu là-bas, niveau enlèvement d'enfants ? nuança Sarah.

– C'est pas encore ça, c'est vrai. Ah tiens ! La Corée… du Nord…, dit Quentin.

– Du Nord ?

– Oui, c'est ça, du Nord !!! *Tatataaaaa !*

– Ouh là ! C'est pas un peu extrême, ça ? s'inquiéta Sarah.

– Oui, mais au niveau sécurité pour les enfants, c'est un peu le paradis. Le premier qui bouge, *paf !* direction le Nord-Est, frontière russe. Du coup, ça refroidit les velléités.

– Faut voir, pourquoi pas ? »

Quentin et Sarah se mirent à chercher, à visionner, à lire. Merci Guy Delisle.

Ils *googuelisèrent*, ils *replayèrent* et *M6-èrent*. Le reportage venait à peine de commencer qu'il mettait déjà la peur au ventre : violons, genre *Psychose*. Gris. Tout était sombre. Des gamins décharnés, des gens apeurés. Les journalistes filmaient en caméra cachée depuis la voiture. L'image était floue. En gros, il n'y avait rien à voir et d'ailleurs, on ne voyait rien. Mais il y avait les violons, et la tension montait. Tout à coup, focus sur une tâche blanche au fond de l'écran, toute pixelisée. Ton parfait de M6 et complément d'enquête :

« Ce que vous voyez là… est un cadavre ! Bienvenue en République… démocratique… populaire… de Corée du Nord. »

Puis des images d'une agente de la circulation, que l'on appellera madame Kim par commodité. Avec une gestuelle mécanique et un bâton blanc, elle faisait la circulation sur un carrefour… complètement désert. Les images chocs se succédaient, avec de grandes avenues vides, des arrière-cours d'immeubles misérables. Quentin s'imaginait déjà avec ses fils en train de marcher dans une de ses rues :

« Papa, il dort le monsieur tout maigre et tout vert ?

– Hum, oui, je crois que c'est Hulk qui a beaucoup maigri. Ha ha ! Non, en fait, je crois qu'il fait la sieste…

– Il doit avoir froid sans tee-shirt, le monsieur. Pourquoi le chien, il le renifle, dis, Papa ?

– Heu, sans doute que le chien a faim et que le monsieur a un sandwich sur lui ?

– Papa, est-ce que le monsieur, il est mort et que le chien est en train de le manger ?

– Ah ah ah ! Mais non, mais non, allez, les enfants, on va à la piscine ! *You hou !* »

Heureusement pour l'humanité, il n'y a pas que M6 dans le PAF. Dans « Ne dites pas à ma mère que je suis en Corée du Nord », Diego Buñuel avait réalisé un portrait décalé de ce pays, sans rues vides ni musique catastrophiste. Ce reportage décrivait un pays verrouillé et autiste, mais le journaliste n'avait pas fait son boulot derrière une vitre teintée. Il avait fait l'effort journalistique de se baser sur des relations humaines et des faits, même insignifiants. Il est préférable d'entendre parler avec légèreté d'un sujet grave que le contraire. Mais sans doute en faut-il pour tout le monde? En tous les cas, Sarah et Quentin avaient cherché à diversifier les sources autant que possible. Au bout de leurs recherches, Quentin eut cette phrase historique.

« Bon, je réponds à l'annonce, on verra bien. »

Short list

DEBUT_Björk

Mois d'août. Bibliothèque municipale du Poulroalen. En larmes, Quentin frappa au carreau de la porte d'entrée. Sarah déboula, l'air inquiet.

« Je suis pris! Je te jure, je suis pris. Putain, c'est la folie, on va y aller!?

– QUOI? Non, c'est pas possible!? Je suis en réunion, là, on en reparle tout à l'heure. »

Sans savoir où il allait, le jeune Français avait décidé de rouler, sur la Côte Sauvage, au bord de l'océan. Les plages étaient remplies de sable et de serviettes à la noix de coco, le vent salé poussait ses fragrances d'été et de corps huileux jusque dans sa voiture. Les gens beaux parfois, rouges souvent, riaient, en mangeant des glaces vanille/sable. Ce soir, ils iraient, eux et leurs coups de soleil, manger une pizza et boire un verre de blanc sur les terrasses pleines de vie et de rires. Pyongyang, les violons, le gris des immeubles, les rues vides, M6.

Départ dans moins de deux mois !? Quentin eut un frisson, mélange subtil de frayeur, d'excitation et de dégoût de cette odeur de noix de coco à l'huile.

Le lendemain, Quentin et Sarah se lancèrent dans l'écriture de listes, pour ne pas être débordés par l'événement. Des bouts de papiers toujours froissés, avec des dessins dessus, dont un des traits arrive sur un chiffre du numéro de téléphone, transformant le 3 en 9.

« Non, Monsieur, ici vous êtes à l'espace crémation des entreprises Fauché !

– Oh pardon ! »

Des papiers pliés en quatre, puis en huit, avec des numéros sans propriétaire. Listes perdues, listes recopiées, listes barrées, listes jetées.

- Appeler paysans pour démission
- Mariage : date
Contrat ? Séparation de biens ?
Alliances
- Passeport
- 8 photos d'identité passeport
- Acheter balles de tennis
- Emprunter balance, peser bagages
- Se renseigner pour guitare Air France
- Radio pour visite médicale
- Médicaments
- Acheter vêtements chauds
Collants enfants + parents
Polaires enfants + parents
- Lampes électriques sans pile
- Faire compte-rendu AG 2011
- Location de la maison
Trouver agence
Meublé

- *Prévenir parents*
- *Voir avec école*
- *Assurance voiture*
- *Vendre R19*
- *Recopier numéros de téléphone*
- *Recopier liste / différentes choses*

Il fallait commencer par les priorités.

« Allô, bonjour, je vous appelle car je pars bientôt à Pyongyang. »

Quentin s'appliqua à laisser un temps d'arrêt, car pour la première fois, il s'entendait prononcer cette phrase saugrenue et se disait que c'était quand même la grosse classe.

« Oui, bonjour Monsieur, c'est à quel sujet ?

– Alors je sais que l'on est limité à 23 kg sur le vol. Je voudrais savoir s'il est possible de faire parvenir une guitare, bien emballée, en fret ?

– Ah Monsieur, il n'y a qu'une solution, il faut acheter un second siège.

– Pardon ?

– Il faut acheter une place supplémentaire.

– Oui, ça j'avais compris, mais c'est une blague ?

– Vous êtes limité à un seul bagage de 23 kg, Monsieur.

– Et donc, ce que vous me proposez, c'est de mettre 1000 euros pour offrir un siège à ma guitare ? Je suis bien au service du fret ? »

Quentin dut reprendre son souffle pour éviter de se lancer dans un torrent d'insultes impliquant dans le désordre le Créateur, cette créature, sa mère, son oncle et divers objets de formes variées.

« Vous avez des collègues ?

– Ah, eh bien ils vous diront la même chose que moi, Monsieur.

– L'avantage, c'est que pour 1000 euros, je bénéficie d'un second plateau-repas ! »

Il raccrocha, passablement énervé par la colère et par la piètre qualité de sa repartie. Il était de plus assez frustré de devoir arrêter sa main qui s'apprêtait déjà, pleine d'une crâne insouciance, à barrer une ligne de sa liste.

« Le truc des listes, c'est qu'il faut fractionner les choses. Une seule tâche, tu la déclines en plein de sous-tâches », leur avait dit un jour un ami chômeur et célibataire depuis deux ans, ce qui, entre autres, faisait de lui une sommité, une forme d'expert international en listes. Comme ça, tu barres les lignes plus souvent !

– Ça devient du haut niveau, là, avait remarqué Quentin, le front barré d'une ride témoignant de son degré de réflexion.

Il pensa qu'il lui arrivait parfois d'écrire quelque chose qu'il venait de faire et qui ne figurait dans aucune liste juste pour pouvoir le barrer. Mais, s'il se l'admit à lui-même, une vague honte l'empêcha d'en parler à son ami expert en listes.

« Alors là pour ce départ, oui, on est sur de la liste olympique ! »

Ce fut une période d'une intensité rare et les listes se succédèrent, sur des papiers de plus en plus froissés et griffonnés. Terminer entièrement une liste, c'était comme aller au bout d'une gomme, une sorte de Graal pour le listeur. Certaines furent entièrement barrées. Quentin ne put se résoudre à les jeter.

« Votre décision est prise, mais j'avoue que je ne comprends pas bien. »
THEME FROM SHAFT_Isaac Hayes

Quentin et Sarah étaient installés dans un coin particulièrement douillet de France. Ils allaient s'envoler pour le pays le moins sexy du monde. Bien sûr, cela heurta quelque peu la logique de certains de leurs amis.

> Subject: RE: grosse nouvelle
> Date: Sun, 11 Sep 2011 14:02:13 +0200
> From: remy.boel@gmail.com
> To: qpirmil@hotmail.com
>
> Mon cher quand 1, *(ha ha ha , NDA)*
> Votre décision est prise, mais j'avoue que je ne comprends pas bien.
> Que vas-tu faire là-bas ?
> Rem's, choqué

« Ah, c'est cool que vous partiez comme ça en famille. Vous partez où déjà ? demanda celui-ci avec un grand sourire.

– En Corée du Nord, répondirent Quentin et Sarah en chœur.

– En Corée… du Sud, tu veux dire ? le sourire s'effaçant.

– Non, non, en Corée du Nord. Pyongyang, Kim Jong-il, tout ça.

– Mais qu'est-ce que vous allez faire là-bas ? C'est super dangereux, ils ont l'arme atomique, des armes de destruction massive. C'est une dictature !

– Justement, on est en sécurité dans une dictature. Enfin, en tant qu'étrangers je veux dire », avaient-ils coutume de lâcher, par provocation.

Bien sûr, ils avaient un peu peur de ce qu'ils allaient trouver là-bas. Mais justement, quelle excitation !

Ils croisèrent aussi des imperturbables :

« Vous partez où ? En Corée ? Ah c'est bien, c'est au soleil ça !? »

Puis ils rencontrèrent des passionnés du pays, au siège de la boîte. Enfin un nouveau langage :

« N'y allez pas pour maigrir, on bouffe juste trop bien, là-bas !

– C'est génial, disait Romain, les yeux dans le vague, un sourire énigmatique au coin de l'œil. Il est juste génial, ce pays !

– C'est super confort, c'est juste le meilleur pays d'expat' possible ! Il y a un super staff, le propal est vraiment bien et le logframe de ton projet est juste nickel. On te laisse voir les détails du voyage avec la logadmin, elle va te booker ton vol. »

Entre les réactions horrifiées, les reportages de M6 et ces réactions spontanément positives, ils parvinrent à trouver des raisons d'être raisonnablement confiants, mais juste pas trop.

Quentin partirait en éclaireur pour trois mois. Le dernier soir à la maison fut particulièrement douloureux. Il lut une dernière histoire à ses deux fils en empêchant sa voix de se casser, puis une fois descendu, pleura toutes les larmes de son corps dans les bras de Sarah. Le lendemain, il parvint à se contenir le temps d'embrasser ses deux petits garçons déjà concentrés sur la journée d'école et les copains qui les attendaient, puis explosa en larmes à nouveau en sortant de la classe. Il tenait à éviter des adieux déchirants. Ils l'ont déchiré. Il déchira sa liste entièrement biffée et décolla.

Aéroport de Pyongyang. 19 octobre 2011. 16 h 30.

L'EMPIRE DU CÔTÉ OBSCUR_IAM

Le nez collé au hublot, il contempla les montagnes jaunies de la Corée du Nord, constituée en grande majorité de reliefs incultivables. Le Tupolev d'Air Koryo fonctionnait bien. Une hôtesse vêtue de rouge et de collants beiges, coiffée d'un petit shako, distribua une sorte de hamburger sec, accompagné d'un jus de pomme au goût improbable. Un air d'opéra-militaire complètement hermétique passait en boucle dans l'habitacle. Juste avant Pyongyang, la plaine survint. Des bœufs impassibles labouraient les champs. Quentin finit de remplir le formulaire des douanes : il devait lister les livres qu'il avait l'intention d'introduire dans le pays et certifier qu'il n'avait ni GPS ni téléphone portable. Sur la même feuille, on lui demandait le nom de sa délégation et de l'organisme hôte. Dans l'avion, les Coréens, malgré le fait que Quentin fut néophyte en la matière, étaient immédiatement reconnaissables. Agités, ils allaient de siège en siège pour demander à leurs compatriotes comment remplir le formulaire des douanes. Lui-même vérifia les mains moites que le visa collé dans son passeport était bien valide. Quelques habitations groupées, desservies par des routes goudronnées, parsemaient le paysage. Il rangea bien soigneusement son premier document de propagande, le magazine appelé sobrement *Democratic People's Republic of Korea*, daté du mois de Juche 100-10, c'est-à-dire octobre 2011. L'année 0 de ce système calendaire est l'année où fut conçu Kim Il-sung, et ce n'est pas une plaisanterie. N'ayant pas trouvé de version en anglais, Quentin feuilleta la version coréenne. Sur la couverture, un défilé militaire de camions lance-roquettes et un grand drapeau du Parti des travailleurs dessiné par quelques dizaines de milliers de figurants. À l'intérieur, une photo de Kim Jong-il qui serrait la main de Medvedev, Kim Jong-il sur un barrage, avec des personnalités vaguement européennes, puis Kim Jong-il en plein *on the spot guidance*, c'est-à-dire qu'il distribuait à ses ouailles des conseils de première catégorie qui tripleraient parfois le rendement de leurs unités de production.

Le train d'atterrissage toucha le sol. Quentin respira un bon coup et rassembla ses affaires. L'avion d'Air Koryo atterrit sans encombre. L'aéroport de Pyongyang lui rappela immédiatement celui de son enfance à Eindhoven, Pays-Bas : une bâtisse grande et basse comme une salle des fêtes, à ceci près qu'à Eindhoven, nul portrait gigantesque de Kim Il-sung n'ornait la façade.

Les hôtesses d'accueil, avenantes, semblaient ravies d'accueillir des étrangers. Le douanier était lui beaucoup moins cordial, car cela ne faisait pas partie de ses attributions. Il était coiffé d'une casquette militaire à large visière et occupait un costume d'une couleur que l'on pourrait qualifier de beige coréen, qui rappelait au Français l'uniforme de ses années d'école en Côte d'Ivoire. Quentin tenta d'afficher la plus grande neutralité possible sur son visage. Le douanier le regarda. Regarda son passeport. Le fixa dans les yeux, regarda à nouveau son passeport. Le fixa à nouveau en plissant les yeux d'un air suspicieux, regarda encore son passeport, le regarda en plissant encore plus les yeux d'un air cette fois-ci, concentré, puis, son visage s'éclaira d'un grand sourire qui surprit Quentin, mais auquel il répondit aussitôt.

« *Welcome to DPRK, Sir* », dit le douanier dans un anglais impeccable.

Le hall n'était pas très grand. Il n'y avait qu'un tapis roulant datant de l'ère soviétique. Quentin récupéra ses 23 kg d'effets personnels, il ne lui restait qu'à passer les formalités douanières. Il tendit le papier qui faisait l'état de ses possessions pouvant être considérées comme toxiques (livres, publications, GPS, ordinateur, appareil photo). Il commença à déposer sa valise sur le tunnel à rayons X, mais le douanier lui fit signe que non. Il sut plus tard que le détecteur était souvent en panne, ne serait-ce qu'à cause des coupures d'électricité à répétition. L'agent de sécurité lui demanda s'il avait un téléphone portable et devant sa réponse négative, lui fit signe de passer. Comme ça. Il remballa la clef de sa valise, qu'il avait déjà sortie, convaincu de se faire intégralement fouiller.

Yuri le reconnut aussitôt. L'Allemand au crâne clairsemé de blanc d'une cinquantaine d'années, vêtu de manière décontractée avec un polo beige était accompagné d'un Coréen qui semblait un peu atypique au regard des autres Coréens, tous en uniforme ou en costume : dégarni, avec un peu d'embonpoint, assez grand, de grandes pommettes et un énorme sourire. Il portait lui aussi un polo sport blanc avec des motifs bleus désordonnés, sur un pantalon de costume et des chaussures cirées. Chol. Yuri embrassa Quentin sans façon et Chol lui serra la main de ses deux mains. Le tutoyant tout de suite, il fut le premier à parler :

« Bienvenue Quentin. As-tu fait bon voyage ? »

Quentin resta interloqué, tant son français était parfait. Il ne détecta aucun accent. Il ne put s'empêcher d'exprimer sa surprise :

« C'est incroyable de parler aussi bien français !

– Merci, mais il est tout à fait perfectible.

– Mais où as-tu appris à parler ainsi le français ? C'est fou !

– À l'université Kim Il-sung de Pyongyang. »

Il salua brièvement le chauffeur, Kim, qui mâchait un chewing-gum avec application et dont les cheveux recouverts de *Pento* dessinait une banane à la Dick Rivers. Direction Pyongyang, sous un doux soleil d'automne qui réchauffait cette fin d'après-midi. À l'arrière du gros 4x4, Quentin installa son dos endolori aux côtés de Yuri. Les champs défilaient, jaunis déjà. Des arbres bordaient la route. Des milliers de personnes, à l'ombre de drapeaux rouges gigantesques, le dos courbé, étaient en train de planter, désherber, tandis que des vieillards accompagnaient des petites bandes de canards dans les rizières à peine asséchées. La voiture croisa des charrettes tirées par des bœufs roux et efflanqués, des gens à vélo, et une foule de piétons : des hommes en costumes gris, beiges et noirs, des femmes avec de grands chapeaux, vêtues de couleurs un peu plus chamarrées. Les vélos parfois servaient à transporter de lourdes charges. Quentin savoura ce paysage plus asiatique que communiste.

Puis ce fut l'entrée dans la ville. À gauche, un immense globe avec un anneau, représentant Saturne. Une avenue gigantesque s'ouvrait sur le devant, dont les trottoirs étaient remplis de piétons. Sur l'asphalte, des voitures, des camions de l'armée alimentés au charbon. Un de ceux-là était garé le long de la route, en panne. Des bus fraîchement repeints ne faisaient illusion qu'un temps, car on devinait leur âge avancé sous le maquillage. La voiture dépassa des bus bondés de passagers qui regardaient dans le vide, comme dans la plupart des grandes villes. Grisé par l'arrivée, Quentin essaya en vain d'accrocher le regard de certains.

Le gros Toyota orné de son logo européen passa sous un pont avec une immense inscription en rouge, terminée par un point d'exclamation, Quentin demanda à Chol :

« Qu'est-ce qu'il y avait de marqué, là ?

– C'est de la propagande : *Avançons pas à pas sous l'égide de notre Grand Leader Kim Jong-il* », répondit-il.

Quentin comprit plus tard que le terme *propagande* n'avait dans sa bouche pas de connotation négative.

Au croisement suivant, Quentin vit sa première fliquette. Vingt-cinq ans, menue, un visage sévère et joli, l'agente de la circulation était vêtue d'un uniforme d'un bleu très spécial. Sa veste cintrée et sa jupe au-dessus du genou, qui laissaient entrevoir de jolies formes, étaient accompagnées de petites chaussures noires brillantes, d'une matraque et d'une casquette blanche (collection automne). Il contempla, fasciné, sa gestuelle militaire, sans vraiment la comprendre. Elle levait le bras, le pliait, se tournait d'un quart de tour, et passait le bâton le long de son ventre. Kim passa et le temps qu'il démarre, elle avait déjà changé de signalétique et semblait à présent s'adresser aux voitures sur la gauche. Ça avait l'air de bien fonctionner. Contrairement à ce qui était montré dans différents reportages vus avant son départ, Quentin constata que le trafic était assez dense et semblait grandement fluidifié par la présence de la fliquette.

Quentin ne savait pas où donner de la tête, tellement tout ce qui l'entourait était inédit. Des groupes de soldats, des petites vieilles courbées, des trolleybus centenaires qui étincelaient tels des cierges magiques en changeant de cateners aux croisements. Ils passèrent devant des fresques monumentales avec des visages de Kim Il-sung, des boutiques improbables, des véhicules qui l'étaient tout autant. Des étudiants et des écoliers en costume avec petit foulard rouge, des casquettes bouffantes à la Mao, pas de publicité, pas de réclame. Natacha Polly se pâmant pour un parfum était remplacé par le sourire de Kim Il-sung et les slogans publicitaires par des messages écrits en grand et en rouge, avec point d'exclamation ! Quentin avait imaginé un instant tous les points d'exclamation remplacés par des points d'interrogation : *« Que toute la nation ouvre la porte de la réunification de la patrie, animée d'une nouvelle confiance ? »*

La traversée d'un grand pont et un grand stade sur la gauche le sortirent de sa rêverie. Chol annonça que le stade du Premier-Mai était celui où se tiennent les *mass-games* et que c'est le plus grand du monde.

« Il y en a encore en ce moment, des *mass-games* ?

– Le dernier a eu lieu avant-hier. »

La tortue de Delisle

U CAN'T TOUCH THIS_MC Hammer

Trois autres ponts enjambaient le fleuve Taedong sur la droite. La vue était dégagée et l'eau serpentaient pour couper la ville en deux. Les chantiers de construction étaient légion. Au loin se dressait la tour du Juche, visible de chaque endroit en ville. Quentin s'efforça de graver dans sa mémoire cette prise de contact avec une ville inédite, qui demain ne revêtirait déjà plus ces atours de dépaysement et de nouveauté absolus. Il en va des lieux comme des personnes. Une fois celles-ci familières, difficile de se remémorer les sensations d'avant la première poignée de main. Au détour d'une grande avenue, la voiture tourna dans une artère un peu moins large, les trottoirs bordés d'arbres étaient pleins de marcheurs. Un garde à l'entrée d'une voie sur la gauche sortit d'une cabane et fit un signe militaire.

« Là on rentre dans *le* maison », déclara Yuri de son accent allemand. *Diplomatic compound* ».

Arrivé à l'appartement, Quentin découvrit avec joie qu'il était spacieux et lumineux. Deux salles de bain. Deux salons gigantesques et trois énormes chambres, occupées par quatre expatriés, dont trois de passage et Ivana, la trentaine, au visage carré mais gracieux, bordé d'une frange qui cachait un œil, qui serait la collègue de Quentin cette année.

Il rencontra une communauté d'expatriés qui avaient pris le pays côté pile et le parti de s'amuser. Romain et Steph, deux Français sur le départ après deux ans, étaient les leaders d'une bande de joyeux drilles. Ils contribuèrent à soigner le *jet lag* de Quentin en organisant un apéritif en l'honneur de son arrivée, car les nouveaux venus étaient une curiosité. La soirée se prolongea au Yangakto, hôtel immortalisé par l'excellente BD de Guy Delisle, située sur une île entre les deux rives du fleuve Taedong. Quentin s'arrêta devant l'aquarium dessiné par le Canadien, où se trouvaient une tortue et trois poissons neurasthéniques. Le groupe de cinq expatriés aux nationalités exotiques, Français, Brésilien, Croate, Belge et Indonésien, débarqua à deux heures du matin au bar de l'hôtel. Tous s'affalèrent sur les tables entourées de miroirs qui permettaient de se contempler en dix exemplaires. Les cigarettes sortirent de leurs paquets. Le Français redécouvrit la joie de fumer à nouveau en même temps que sa bière, sans avoir à sortir dans le froid, en gilet jaune, sur le trottoir.

Les expatriés présents déjà depuis quelques mois, variablement éméchés, interpellèrent les serveuses avec des *changtang domou*. Pendant de longues minutes, elles restaient invisibles, augmentant le volume sonore des appels. Quentin se sentait gêné. Celle qui arriva fut visiblement arrachée de son sommeil et faisait peine à voir. Cela n'émut pas grand monde et des bières locales furent commandées en nombre.

« J'ai lu un truc incroyable l'autre jour. C'était trois gars qui fêtaient l'enterrement de vie de garçon de l'un deux. Ils sont à Charm el-Cheikh, parce qu'ils ont des promos de fous, comme plus personne veut aller là-bas, après accident d'avion, révolution, islamisme et tout.

– Oui ok, Charm el-Cheikh, quoi.

– Donc ils sont là, tous bourrés et ils voient une grosse dune de sable. Alors, y'en a un qui dit : *Ouais, trop bien les gars, allez assurez, quoi, assurez, on monte sur la colline*, reprit Steph imitant, et pour cause, parfaitement le mec bourré. Ils montent en haut de la dune. Et le mec qui va se marier, il est encore plus bourré que les autres, forcément. Il hurle (et du coup Romain hurle, devant l'œil indigné des serveuses :) *Putain je saute, rinafout', je saute, rinafout'*. Ses potes essaient de l'en dissuader, mais ce con saute pour de vrai. Il atterrit dans l'eau dix mètres plus bas sur quelque chose de dur. Il se fait mal et ses copains peinent à le ramener sur la berge.

Ils récupèrent quelques minutes et vont se coucher. Le lendemain, les sauveteurs découvrent le cadavre d'un requin de quatre mètres de long sur la plage avec une énorme bosse sur la tête ! Le plus fou, c'est que ça faisait des semaines que ce requin terrorisait les gens, qui ne pouvaient plus se baigner. Eh bien le gars, quand il eut fini de décuver, s'est vu offrir une invitation à vie à Charm el-Cheikh. Belle histoire, non ? »

Au moment où Steph rappela la serveuse pour une bière, celle-ci les pressa de partir. Tout de suite. Sans histoire.

Rap US, gros 4x4 et pizza.

GET IT TOGETHER_The Beastie boys

De retour du Yangakto, les vitres du gros 4x4 Toyota ouvertes, dans l'air doux de ce mois d'octobre, Quentin souriait en écoutant *GET IT TOGETHER*, imaginant les rappeurs de Brooklyn dans ces rues sombres. Steph n'avait pas attaché sa ceinture, pas plus que Romain qui conduisait avec trois retraits de permis français dans le sang. Il y avait des policiers partout, mais pas un ne semblait les remarquer, le drapeau européen leur conférait une forme de pouvoir d'invisibilité. Il faisait nuit noire dans la ville. Pas une lumière. Dans l'éclairage des phares, des silhouettes courbées sous l'effort tiraient des charrettes remplies de poudre noire ; d'autres tentaient de transporter sur des vélos à bout de souffle d'énormes sacs remplis d'objets lourds.

Le lendemain soir, ce fut pizzas, puis le surlendemain, le groupe d'expatriés se retrouva à la piscine du Old Diplo, un lieu de villégiature tout en marbre rose initialement conçu pour les Russes : sauna, resto, tennis, salle de gym, masseurs… Loin des reportages de M6, Quentin écoutait des Russes nus et rouges rire en transpirant dans le sauna. Cela le bousculait de découvrir une *dolce vita* coréenne en lieu et place des cadavres dans les rues. Il avait vu des gens en peine, des statues, des militaires, des policiers, des transports bondés et anachroniques, comme dans de nombreux pays pauvres, mais les premières impressions étaient favorables. Il n'eut pas à se forcer beaucoup pour écrire à ses proches des e-mails rassurants.

> « Salut 'Draus et Rod,
>
> Je vais de surprise en surprise ici ; Pyongyang est une ville étendue assez agréable, avec d'énormes avenues larges et aérées. Notre appartement est clair, grand, très grand avec tout le confort moderne. J'ai été bien *coaché* pour ne pas trop souffrir du décalage horaire. Des gars bien à l'ouest (deux ans ici !) ont tenu à me tenir éveillé à grand renfort de bières et d'autres alcools et ils tenaient aussi à m'accompagner. J'ai l'impression qu'il y a là, une sacrée bande d'expatriés (j'en connais déjà une quinzaine). Ça ressemble un peu à Erasmus. Le dimanche matin, gros brunch dans notre appart' avec une quinzaine de personnes qu'on a retrouvées le soir pour un repas de gala : canard, tarte au citron, vin rouge, champagne ! J'avais bien l'intention de maigrir mais j'ai peur que ça soit difficile ici ! Je suis très surpris, je m'attendais vraiment pas à ça. C'est carrément, pour qui veut, la vie de patachon ! Apparemment, tout se trouve par ici. Le dimanche, ce n'est pas du tout comme chez nous. Ici, nombreux sont les citoyens voulant œuvrer pour le bien de leur nation et qui sont volontaires pour contribuer, même modeste-

ment, à l'édification de la révolution permanente : certains cassent des cailloux, d'autres nettoient les fresques du Grand Leader. D'autres, ayant sans doute moins d'imagination, repeignent des murs, édifient des immeubles énormes. Heureusement, ces travailleurs sont encouragés par une musique envoyée par des minibus équipés de systèmes de sonorisation très efficaces. Les enfants mettent aussi la main à la pâte, j'ai croisé une petite fille qui nettoyait la petite esplanade devant un portrait du Grand Leader. Ah ! Ces enfants éduqués pour participer à l'effort national ! C'est sûr, aucun d'entre eux ne fera de tags à l'adolescence !

On circule partout en voiture. Du coup, on roule dans des gros 4x4 avec autocollants Union européenne et on se gare sur les parkings de resto à côté des gros 4x4 Unicef, Nations Unies ou Croix-Rouge. Une sorte d'univers parallèle. Mais la ville est pleine de surprises et dans l'ensemble, je m'y plais, même si le contact avec les Coréens se limite au boulot. »

Quentin vaut mieux que deux tu l'auras

Où l'on découvre le Random Access Club

HEY BOYS HEY GIRLS_Fatboy Slim

Puis vint le week-end, attendu par tous les expatriés, dont la grande majorité avait apparemment passé une dure semaine avec leurs amis et néanmoins collègues coréens.

Le traditionnel apéritif du vendredi soir eut lieu dans l'appartement des Français et comme de coutume, d'importantes quantités d'alcool furent ingérées par tous les étrangers, y compris Quentin, qui livrait courageusement son combat contre le *jet lag*. Puis la joyeuse bande rejoignit le Random Access Club, le RAC, sans doute le meilleur nom de bar jamais trouvé, étant donné que son existence pouvait être remise en question à chaque instant. Ce bar d'étrangers était hébergé par le Programme alimentaire mondial. On pénétrait dans le hall de l'Organisation, en attestaient les drapeaux des organisations internationales ornant les murs. Une salle au fond du couloir, à côté du grand local pour tables de ping-pong, accueillait le bar dont Quentin avait entendu parler avant même d'entrer dans ce pays si mystérieux. En pénétrant dans les lieux, il fut déçu, car l'acoustique et la décoration faisaient clairement penser à un foyer d'étudiants qui auraient vieilli prématurément. Les murs couverts d'un bric-à-brac de tableaux faisaient résonner une sono passant de la musique disco datée. Un bar, quelques lumières mal dosées et une mini-boule à facettes complétaient le tableau. Un Égyptien, arrosé d'after-shave et d'alcool, glissait de femme en femme, sous leur regard agacé. Il échouait apparemment tous les vendredis.

Personnel d'ambassade en costume, membres d'ONG en pantalon ethnique ou agronomes en chemise à carreaux, arrosés de vodka, se défoulaient sur la piste de danse et semblaient décompresser sévère.

« On n'est pas insensibles au malheur des gens, dit un jeune attaché d'ambassade à Quentin. On doit se préserver et vivre une vie agréable pour tenir le coup et continuer à faire le boulot. Pour les gens. Et puis, se défouler.

– C'est marrant, de danser et boire avec tous ces gens des ambassades, des ONG, des organisations internationales. D'ailleurs tout le monde a l'air de drôlement se lâcher ! C'est comme ça tous les vendredis ?

– Tu verras, toi aussi, t'auras besoin de te lâcher. Tu sais, des fois ils te rendent complètement dingue ! »

Une Brésilienne, manifestement nymphomane, se trémoussait dans une petite robe qu'elle occupait plus qu'entièrement en glissant des regards langoureux à quelques diplomates. Les gens dansaient, buvaient, mais fumaient dehors. Au Programme alimentaire mondial, ce sont les règles de bienséance internationales sur le tabac qui prévalent. Peut-être était-ce pour cela que les Coréens n'y venaient pas ? Un groupe de maçons allemands, gorgés de bière fit son entrée. Dix minutes après, Ivana se dirigea vers Nicolas, cheveux frisés attachés en catogan et lunettes rondes, qui discutait avec Quentin :

« Un des gros maçons allemands, là, il me saoule. Il ne parle ni anglais, ni rien du tout. Il arrête pas de me dire "*yo t'ome*" à deux centimètres de mon visage. Il est super-méga-lourd. »

Dans le coin fumeur, les Allemands se retrouvèrent avec des marteaux à faire un concours d'enfonçage de clous, puis ils proposèrent à d'autres de se mesurer à eux, encouragés par le public. Quentin décida à cet instant précis de rentrer se coucher.

En partant, il se prit en photo, enveloppé du magnifique drapeau des Nations Unies. Quentin Pirmil, citoyen du monde ! *Hips !*

Rideau

TROMPE LA MORT_Georges Brassens

En consultant son courrier électronique ce matin-là, il s'aperçut que le ton de ses e-mails avait alerté une partie de ses amis, le croyant sans doute menacé des fourches caudines de la censure. Sans pour autant tomber dans un angélisme béat, il avait décrit un pays où la vie, contre toute attente semblait facile, avec des possibilités de loisirs et de sorties. Pour les expatriés.

Les discussions avec d'autres Européens qui vivaient sur place depuis plusieurs mois laissaient transparaître un léger climat de paranoïa sur les communications. Beaucoup étaient persuadés que leurs e-mails étaient lus et classés par ordre alphabétique dans des dossiers en papier mâché beige.

Quentin voulait faire fi de cela, il envoyait régulièrement des photos et racontait le pays par Internet le plus sincèrement possible, même s'il avait tendance à embellir les choses pour que Sarah et les enfants prennent confiance. Il ne se l'avouait pas forcément, décidé à ce que leur choix de venir dans ce pays soit le bon, quitte à surjouer son enthousiasme pour la vie ici où d'endosser un rôle, pour préserver sa bonhomie intacte face aux pressions du travail et de la vie quotidienne. Il arborait habituellement une barbe de deux à trois semaines et des sweats à capuche, sans doute par souci de faire montre de décontraction face au temps qui continue sournoisement de passer. Ses tempes blanchissaient, la mort était là, au fond du gouffre, et lui avait l'outrecuidance de penser que des tenues de jeunes la défieraient pour un temps encore. À Pyongyang, en revanche, il se rasait tous les matins, puis enfilait une chemise et une veste en velours marron, *très agronomique*, achetée pour l'occasion. La seule concession laissée à son esprit d'Européen revendicatif était le port du jean's. Ce symbole de l'impérialisme atlantiste, sans être officiellement interdit aux étrangers, n'en était pas moins formellement déconseillé aux Coréens.

Avant de partir, le meilleur conseil qu'on lui avait donné fut : « Montre-leur que tu sais et impose-toi en tant que patron du truc ! » Il avait donc radicalement changé de style afin de tenter d'imposer à ses collègues coréens son statut d'expert et de chef.

Kim-*Rivers* faisait le tour de Pyongyang pour aller chercher chacun de ses collègues à son domicile et le groupe arrivait chaque matin invariablement à la même heure. Quentin arrivait à huit heures trente, afin d'être sur les lieux avant eux, une manière de marquer son territoire. Les collègues coréens testaient ses compétences et le degré de confiance qu'ils pouvaient lui témoigner. Le Français affichait un sérieux sans précédent pour se montrer à la hauteur. Sous pression, il tentait de répondre du tac au tac et d'affirmer ses positions. Malgré cela, les relations avec Chol étaient étonnamment faciles. Ils sortaient ensemble fumer des cigarettes et apprenaient à se connaître :

« Tu as deux fils, n'est-ce pas ? lui demanda Chol. Moi j'ai un fils, il a sept ans.

– Ah, super, ils pourront peut-être se rencontrer avec les miens. J'en ai un de quatre et l'autre de presque sept aussi.

– Il ne vaut mieux pas, ça pourrait être dangereux…

– Tu sais, un enfant de sept ans n'est pas dangereux. Quoique, tout bien considéré, le plus grand, quand il se lance en vélo, il peut déclencher des accidents, dit Quentin en riant, pour masquer sa gêne.

– J'ai hâte de les connaître et de rencontrer Sarah. J'espère qu'ils se plairont ici. En tout cas, je suis content que tu sois un père de famille.

– Ah ? À cause de mes cheveux gris ? Pour mettre en valeur tes cheveux de jeune homme ?

– Non, dit Chol en riant, mais je sais que tu seras plus sérieux, que tu vas être plus posé. Pour le projet, c'est mieux. Tu es prêt pour demain à la ferme ? Tu sais, tu es attendu. Et il y aura aussi le responsable du Comité populaire ; lui aussi, il t'attend. Il faut dire que le projet a pris beaucoup de retard. Beaucoup de monde compte sur toi.

– Oui, j'ai cru comprendre, ça fait déjà vingt-neuf fois en quatre jours que tu me le dis. En tout cas, j'ai hâte moi aussi de me rendre à la ferme. »

Chol et Quentin apprirent rapidement à se connaître à la fois comme des êtres humains qui sentent qu'ils pourraient être amis et qui avancent pas à pas dans leur relation à la fois comme deux boxeurs qui se tournent autour en faisant des petits sauts sur place.

Novembre dans les champs

TOUTE PREMIÈRE FOIS_Jeanne Mas

Quentin était fébrile, car après un mois de présence, il quittait Pyongyang pour la première fois. Impossible en effet de s'éloigner de la ville sans raison valable et escorte conséquente, exception faite toutefois de la ville de Nampo au bord de la mer. Il avait au fond du ventre une boule de rentrée des classes. D'une part, Chol l'avait assez répété, parce qu'il se savait attendu, et d'autre part, parce qu'il ne savait pas à quoi s'attendre. Monsieur Kim-*Rivers* les accueillit avec son grand sourire et des lunettes de soleil à la Magnum. Chol dit à Quentin, qui s'apprêtait à monter devant :

« Je suis désolé, mais pour sortir de la ville, il te faut être sur le siège arrière.

– Ah bon, pourquoi ?

– Je dois donner les sauf-conduits aux militaires des barrages », répondit Chol, ce qui ne laissait que peu de place à un quelconque commentaire.

Monsieur Kim-*Rivers* alluma la radio. La musique, car apparemment c'en était, produisait des sonorités d'orgue et de batterie électronique. Le résultat était un mélange de mélodie du Club Dorothée et de musique disco, sans doute enregistrée dans une boucherie ou une salle de bain, dans la plus pure tradition des années quatre-vingt. La femme qui se lamentait au-dessus de la musique semblait souffrir au moins autant que Quentin. Inutile de comprendre le coréen, pour saisir que Kim Jong-il était le thème majeur de la plupart de ses litanies. Tout en mâchant son chewing-gum avec application, le chauffeur désigna le poste de musique et, le pouce dressé dans un code internationalement reconnu, lui demanda avec un grand sourire :

« *Good?* »

Quentin, par courtoisie, acquiesça et Kim-*Rivers*, satisfait, augmenta le volume en même temps que les souffrances de l'amateur de rap et de funk.

Il profitait néanmoins d'être sur la banquette arrière pour contempler les faubourgs de la ville. Les balcons sur l'avenue étaient égayés de fleurs de couleurs ; un observateur aguerri aurait remarqué qu'elles étaient faites de plastique. Les tons roses et jaunes virant sur le fluo détonaient sensiblement avec le gris des immeubles.

« Quentin, là, c'est le marché Tonghil !

– Ah oui, on m'en a parlé.

– Qui ça ? lui demanda Chol rapidement, ce qui fit hésiter Quentin.

– Euh, je sais plus moi, on m'en a parlé, c'est tout.

– J'habite là, lui dit Chol.

– Dans le marché ? Pratique. »

Quentin avait déjà ce réflexe de couper la conversation, anticipant la gêne potentielle de son interlocuteur. Il s'en voulut aussitôt. Il y eut un silence, puis il demanda :

« Alors, Chol, c'est quoi le programme ?

– Ce matin, nous allons à la ferme. Tout est à faire. Ils t'attendent tous, il faut engager les actions et…

– Alors le directeur, tu peux m'en dire deux mots ? fit-il pour couper court.

– En fait, je ne le connais pas, il vient d'être recruté.

– Comment ça ? Personne ne m'a prévenu ?

– L'ancien directeur est parti en formation.

– Ah. Il revient après ?

– Non, ce n'est pas prévu. C'est une formation longue. »

Réprimant un petit frisson, Quentin conclut, placidement :

« On est nouveaux tous les deux alors ! »

La porte de la ville était matérialisée par l'arche de la Réunification, deux femmes volantes en plâtre qui se donnent la main dans un sourire radieux. Puis, sans transition, le paysage urbain devint campagne. Quentin tentait d'absorber comme une sangsue ces paysages qu'il n'aurait jamais le droit de photographier. Des petites grappes d'habitations au milieu de rien, puis une fresque. Au milieu d'une route suffisamment large pour faire circuler quatre tanks côte à côte, des gens par groupes de vingt étaient en train de balayer des cailloux pour combler les nids de poule creusés dans l'asphalte. Kim-*Rivers* klaxonna et accéléra. Les hommes et les femmes se dispersèrent brusquement, apeurés mais visiblement pas en colère.

« Il est obligé d'aller aussi vite ? »

Chol se tourna et dit avec un grand sourire, qui réchauffa le cœur de Quentin :

« Quand on est con, on est con !

– *Con comme un tracteur* on dit chez nous, dit Quentin pour plaisanter. Tiens d'ailleurs, qu'est-ce que c'est tous ces tracteurs ?

– C'est l'usine de fabrication des Chollimas. »

Le Chollima était le tracteur 100 % *made in DPRK,* baptisé du nom d'un cheval mythologique, souvent représenté ailé et capable de parcourir jusqu'à mille lieues par jour. Figure importante de l'imaginaire local, Chollima est aussi le nom de l'équipe de football nationale et incarne l'industrialisation rapide du pays dans les années cinquante. C'est à cette époque que fut érigée sa statue dans le parc de Morombang, tout proche des statues des deux défunts Leaders.

Les champs aux alentours de l'usine étaient particulièrement bien pourvus en engins. Semblables aux tracteurs dessinés par les enfants, ils paraissaient tout droit sortis de la première Révolution verte. Repeints régulièrement, ils donnaient le change, vus de loin. Ils formaient une brigade immobile au milieu des champs. Une épaisse fumée noire s'échappait de leurs pots, attestant d'un mouvement pourtant invisible à l'œil nu.

Les canards dans les rizières

L'ÉTÉ INDIEN_Joe Dassin

Dans les rizières, des vieux à casquette gardaient avec un fin bâton une dizaine de canards qui picoraient leur pitance dans l'eau. Des drapeaux rouges étaient disséminés dans les collines pelées et des dizaines de vélos garés le long de la route. Leurs propriétaires, qu'ils fussent de la ville ou de la campagne, travaillaient dos courbé à une tâche donnée : repiquage du riz, mise en place des semis, fertilisation, récolte… Un élan collectif en faveur de la révolution, qui occasionnait parfois des annulations de rendez-vous.

« Vous comprenez, c'est la période de repiquage de riz, avait annoncé monsieur Ri à Quentin un jour.

– Oui, je suis au courant mais quel est le rapport avec un professeur expert en nutrition infantile ?

– Chez nous, tout le monde participe à l'effort national. Y compris les étudiants en langue, en informatique et les experts en nutrition infantile. »

Quentin avait alors imaginé avec un certain sadisme des geeks tout blancs et maigrelets, avec leurs tee-shirts gothiques et leurs cheveux longs, arracher les mauvaises herbes en rang.

À part les canards, assez peu d'animaux agrémentaient le paysage. Quelques bœufs de traction tiraient les chariots et quelques chèvres blanches broutaient de l'herbe rare sur les versants des collines. Kim-*Rivers* stoppa le véhicule en plein virage, pour se défaire d'une envie. Quentin et Chol sortirent.

« C'est vraiment beau ici. Je peux prendre une photo ? demanda ingénument Quentin.

– Non, ce n'est pas possible, désolé. À la ferme, tu pourras.

– Enfin, Chol. C'est beau, là, non? C'est quoi le problème que je prenne une photo ici? Il y a des têtes nucléaires cachées derrière le tas de fumier? Je comprends pas, c'est une belle image du pays, non? s'énerva le Français.

– Désolé », s'excusa Chol d'un triste sourire.

Juste après une descente, la route déboucha dans une grande plaine et ils s'engagèrent vers la sortie. La ferme était située à cent mètres à peine. Quentin, en bon Français suspicieux, ne put s'empêcher de penser qu'on lui avait choisi une ferme proche de l'autoroute pour limiter sa vision sur le pays.

« La merde, c'est de l'or! »
HEART OF GOLD_Neil Young

Des harangues grésillantes accueillirent le convoi venu de la capitale. Quentin leva la tête et remarqua un haut-parleur posté sur un mât qui crachait dans l'enceinte de la ferme, une voix convaincue semblant donner des ordres. Le son était fort, ce qui rendait le tout à la limite du supportable.

Un homme menu et cordial lui prit les deux mains et lui offrit un magnifique sourire. Chol le présenta comme monsieur Chol, le manager de la ferme.

« Tiens, comme toi! remarqua Quentin.

– Oui effectivement, nous sommes homonymes », dit Chol, le plus naturellement du monde.

Dans la cour gisaient quatre Chollimas éventrés et erraient quelques gars désœuvrés. Ce qui sera peut-être un jour le bâtiment administratif de la ferme possédait l'ambition de deux étages avec seulement trois pièces achevées sur une dizaine de prévues. Ils entrèrent au rez-de-chaussée dans le bureau du directeur. Le mur du fond avait pour unique fonction de supporter les portraits de Kim Il-sung et de Kim Jong-il, de biais. Quentin remarqua que les cadres étaient légèrement plus épais sur le dessus, inclinant la photographie de telle sorte que l'on avait la sensation d'être surveillés d'en-haut. Le groupe s'assit à une table recouverte d'une toile cirée sur laquelle étaient disposées des bouteilles de jus de fruits et d'indispensables cendriers. Tous sortirent des paquets de tabac sans message culpabilisant et Quentin pensa qu'il arrêterait plutôt de fumer de retour en France. Il proposa des cigarettes américaines à la ronde que tous acceptèrent avec un claquement de langue de connaisseurs.

Après avoir programmé la journée, ils sortirent pour faire le tour de la ferme. Conscient que cette première visite serait déterminante, Quentin prit son temps, s'attarda sur des détails, donna quelques conseils au débotté. En constatant l'allure déplorable des pauvres bêtes logées à même le béton, il prit un air de chef de guerre.

« Messieurs, il y a du travail. Les excréments sont durs et compacts, la peau est flasque et l'œil n'est pas brillant, mais vitreux comme celui d'un poisson mort. Que boivent ces truies ?

– Il dit que l'eau est mise dans les mangeoires après la bouffe, traduisit Chol.

– Pas assez d'eau, c'est sûr, et en plus souillée.

– Avez-vous fait des analyses copro ?

– Co-quoi ?

– La merde, vous avez analysé la merde ?

– Il dit que oui, que le Ministère l'a fait, il y a quelques temps.

– Il a les résultats ? »

Quentin comprit le mot *ani*, qui veut dire *non*.

Ils virent alors arriver une des salariées responsables de l'élevage avec un tuyau d'arrosage. Devant eux, elle lava à grandes eaux les truies prostrées sur le béton. Quentin demeura coi. Chol lui jeta un coup d'œil mais le Français lui adressa un petit signe *plus tard*. Le purin rincé à l'eau s'écoulait dans une rigole. Il suivit l'effluent.

« Mais ça coule direct dans le ruisseau !

– ...

– La merde, c'est de l'or ! En rinçant, vous envoyez directement toutes ces précieuses matières fertilisantes à la mer, *bye bye* l'engrais naturel ! Donc, pollution et pas de fertilisation. Il faut absolument arrêter de rincer. En plus, l'eau, vous en avez besoin pour faire boire les bêtes. »

De l'eau pour les animaux et la merde pour la fertilisation ! Quentin s'empêcha avec force de suggérer ce nouveau slogan sur le portique d'entrée de la ferme en lieu et place du dernier communiqué officiel prescrit.

Cette problématique de fertilisation était assez emblématique de la situation nationale. La chute du mur avait asséché la source de matières fertilisantes d'origine chimique qui avaient progressivement supplanté les engrais organiques issus des élevages. Au début des années quatre-vingt-dix, l'impact sur les rendements agricoles fut terrible, ce qui eut pour conséquence une période de disette sévère, qui accéléra le processus de déforestation. La monoculture de maïs acheva d'épuiser les sols. Devant cette pénurie de fertilisants, les autorités avaient promu le compost « de ville », distribué aux fermes. Mélange de boues d'épuration et de poubelles, son pouvoir fertilisant était quasi inexistant, sans doute par manque de temps de maturation et du fait d'un mélange trop hétéroclite. Restait comme unique recours, la valorisation des précieux excréments des animaux.

Ascendant boulot

J SUIS LE CHEVALIER DU ZODIAQUE_Madjao

Les premières semaines de travail de Quentin sur le projet avaient été placées sous le signe du taureau.

Cœur : votre rencontre avec le ministère de l'Agriculture va vous bousculer. Votre interlocutrice du Bureau de l'élevage vous dira que votre projet n'a pas porté ses fruits. Vous devrez redoubler d'efforts, ou vous subirez un revers dont vous aurez beaucoup de mal à vous remettre.

Professionnel : ne laissez pas à demain ce que vous auriez déjà dû faire il y a un mois! Vous devriez vous reposer, mais ne le pouvez pas. Les directeurs des fermes ne veulent plus de questions, mais des tracteurs. Vite, vite!

Santé : fumez moins et détendez-vous! Mais n'oubliez pas que votre présence ici n'est que tolérée et qu'il faudra montrer à tout ce monde que ce magnifique pays a tout de même eu raison de faire appel à vous.

« Get hot ! »
GOOD NIGHT_Blak eyed peas

Tout ceci avait beaucoup fatigué Quentin, car plus il donnait, plus les Coréens en réclamaient. C'est encore sous pression qu'il se rendit à la soirée de départ de trois Français, dont Steph et Romain. Aux dires des intéressés, ce départ devait donner lieu à « une teuf de tous les diables », afin de dignement marquer le coup après deux ans passés dans le pays. En préambule, ils avaient déroulé sur cinq étages une immense banderole de vingt-cinq mètres de longueur. Dessus, écrit à la manière de la propagande officielle, en épaisses lettres rouges un « *GET HOT!* » qui invitait les convives de manière assez éloquente. Sortant de son travail avec des poches sous les yeux et sa veste marron, Quentin avait trouvé ça assez drôle.

Quelques Coréens la virent et la firent retirer illico. Ensuite, pour ne pas faillir à la tradition, l'alcool coula à flot, pendant que des déguisements se préparaient. Le thème de la soirée était « Workers' party ». Des casques, des maillots de corps et des bottes avaient été achetés collectivement, puis distribués. Des faux tatouages à symbolique communiste furent dessinés sur les épaules dénudées. Également équipé de force alcool et de quelques rires, le groupe se dirigea ensuite au RAC. La soirée fut assez réussie. Les trois Français étaient bien décidés à rendre leur fête mémorable. Ce qu'elle fut, mais peut-être pas de la manière escomptée. Ils firent une chorégraphie, on leur distribua des cadeaux, dont un qui eut pas mal de succès : un caleçon orné d'un drapeau coréen. Moult photos et films furent pris. Puis ce fut le clou de la soirée. Le grand saut. Attention, tradition ! À chaque départ, à l'heure dite, il était de coutume que celui qui était en partance montât sur le bar au son de *LEAVING ON A JET PLANE* de John Denver : « *All my bags are packed I'm ready to go / I'm standin' here outside your door* ». Pendant ce temps, tous les invités se mettaient sur deux lignes face à face et s'attrapaient les bras. « *I hate to wake you up to say goodbye / But the dawn is breakin' it's early morning* ». Alors, la chenille humaine ainsi composée se balançait au rythme de la musique. Au refrain, tous reprenaient en chœur : « *'Cause I'm leavin' on a jet plane / Don't know when I'll be back again / Oh babe, I hate to go* ». Celui dont on fêtait le départ se dandinait sur le bar ou restait les bras croisés en attendant que tout le monde soit prêt à le réceptionner ; puis, après une petite hésitation, se jetait sur la chenille humaine. Ensuite, selon la forme et l'amour porté à celui qui partait, la chenille transportait le futur voyageur le long d'elle-même.

« Dire qu'un jour, ce sera moi », hurla un grand gaillard de deux mètres aux oreilles de Quentin.

Ce fut une fête digne de ce nom. Un ambassadeur collait au bar en enchaînant des vodkas avec un homme d'affaires russe de passage, la sempiternelle Brésilienne nymphomane se déhanchait devant un ressortissant égyptien, des chefs de missions d'ONG couverts de sueur sautaient à qui mieux-mieux sur *GOOD NIGHT* des Black Eyed Peas, second hymne des expatriés de Pyongyang. Deux Nigérians s'étaient endormis dans les canapés rouges et quelqu'un de très enthousiaste avait renversé du Cuba libre sur l'un d'eux, pendant que les rois de la soirée firent une chorégraphie avec leurs costumes de travailleurs des chantiers.

La fête battait son plein et Quentin avait oublié qu'il était en Corée du Nord. Il but, dansa, fuma, rit. Ce fut un Quentin saoul et vidé de son stress qui ressortit du

RAC. Un nuage de buée s'échappait de la petite cahute postée devant la grille du Programme alimentaire mondial. Quentin salua le garde, qui adressa au Français un rictus désapprobateur, accompagné toutefois d'un signe l'incitant à lui lâcher une cigarette.

« Mes cigarettes, tu ne les méprises pas, dit Quentin en français en lui donnant une Benson. Cigarette impérialiste. *Direct from USA* », gloussa le français, qui partit d'une démarche peu assurée en chantant *BORN IN THE USA* de Springsteen.

L'affaire de la banderole

I FOUGHT THE LAW_The Clash

BOM BOM BOM! Le cœur du Français bondit et il se retrouva assis dans son lit sous l'effet de l'adrénaline, embrumé et inquiet. On venait de frapper violemment à sa porte et une seconde plus tard, l'officier de liaison qui ne montait jamais à l'appartement d'habitude, rentra directement dans sa chambre, tiré à quatre épingles, costard-cravate, rasé de frais.

« Où est monsieur Romain ? »

Pâteux, fripé et en caleçon, Quentin tenta tant bien que mal de reprendre ses esprits et de refermer sa bouche qui demeurait bée depuis l'arrivée impromptue de monsieur Ri. Sa surprise l'empêcha sur le coup de penser qu'il venait à cet instant précis de perdre la totalité du crédit qu'il venait de passer deux semaines à bâtir.

« Je dois voir monsieur Romain immédiatement. La banderole ! » finit par crier monsieur Ri, la mâchoire contractée.

Puis, tels des spasmes, des jurons coréens surgirent de sa pomme d'Adam pour percuter les murs de la chambre.

« Il doit être dans le salon. Enfin je crois, bredouilla Quentin.

– Et monsieur Stéphane ? hurla cette fois monsieur Ri.

– Je ne sais pas ; comme vous pouvez le constater, je viens de me réveiller. Je ne tiens pas un registre des allers et venues de mes colocataires. Et arrêtez de crier. Et de quoi vous parlez ? »

Ri ouvrit une à une les portes, avant de siffler :

« Appelez tout de suite monsieur Yuri ! Monsieur Romain descend avec moi.

– Je vous rejoins, monsieur Ri », dit ce dernier, déconfit.

Le cœur en pleine effervescence, Quentin se recoucha les yeux au plafond, perdu en conjectures.

Art et gastronomie à Pyongyang

FEELING GROOVY_Simon and Garfunkel

Stéphane et Romain eurent à écrire en leur nom et au nom de leur organisation une lettre d'excuse officielle adressée au ministère des Affaires étrangères, pour l'« attitude inacceptable » de Steph, c'est-à-dire la banderole. Ce n'était malheureusement que le début de cette affaire.

Malgré cela, Quentin découvrit pour la première fois le seul marché de la ville où impérialistes et autres étrangers étaient autorisés. Contrairement aux magasins en ville où les *Frankfurters* se négociaient en dollars, en euros ou en yuans chinois, au marché de Tonghil, le *Kimchi* et les patates se monnayaient en *wons*, la monnaie locale. À l'instar du haschisch en Espagne, les étrangers n'avaient à ce moment pas officiellement le droit d'échanger des *wons*, mais avaient le droit de payer avec. Consigne avait été donnée aux Français toutefois de ne pas trop s'en vanter auprès du staff coréen. Cette monnaie aussi fluctuante que le prix du poisson sur le marché du Pouliguen, s'échangeait sous le manteau, grâce à un fournisseur chinois.

En pénétrant dans le triple hangar abritant le marché, ses liasses de *wons* en poche, Quentin retrouva instantanément le sentiment de dépaysement absolu qu'il recherchait à travers le voyage. L'aile babord du bâtiment était consacrée à la viande, aux légumes, aux œufs et au poisson. La grande travée centrale était divisée en quatre secteurs : fruits, épicerie, vêtements et ustensiles de cuisine. L'aile tribord regroupait la quincaillerie, l'ameublement et l'électricité, avec même une section sports. Quatre allées traversaient le hangar horizontalement et proposaient d'autres types de marchandises, pains, sodas, plats cuisinés....

Tonghil était peut-être le lieu le mieux approvisionné de la capitale. Dans les allées, les vendeuses dans leur uniforme bleu, bonnets violets, étaient si nombreuses que leurs épaules se touchaient. Des calculatrices à grosses touches leur permettaient de donner le prix aux étrangers, même avec les gants d'hiver. Sur les étals, on pouvait voir des montagnes de salades joliment assemblées feuille par feuille à l'aide de liens en raphia, des œufs de toutes sortes (pigeon, caille, canard, autruche même) vendus par cinq dans des petits paniers tressés en paille de riz. De gros cubes de tofu cuits, en camaïeu de couleurs, bougeaient dans leurs bacs comme des Flamby.

On pouvait y trouver pléthore de fruits et légumes, en quantités et en couleurs : ananas, pêches, bananes, pommes locales, tomates, des dizaines d'espèces de choux et de champignons. Pour la viande, elle était vendue telle quelle, sans réfrigération, canard, poulet, porc et chien. Féru de marchés de part le monde, Quentin sortit son appareil photo et prit discrètement quelques clichés. Dans l'instant, une dame vêtue de rouge, avec casquette et sifflet, s'approcha de lui et le somma de lui montrer les photos, ce qu'il fit de mauvaise grâce. Elle prononça quelques mots et lui fit signe de partir. Le Français continua son chemin, bientôt rejoint par une seconde surveillante. Ne se départissant pas d'un grand sourire, elle lui demanda son appareil, puis passa en revue les photos en les supprimant, une par une. Elle poussa le zèle jusqu'à effacer des clichés pris en dehors du marché, malgré les protestations de Quentin. Toujours souriante, elle lui rendit l'appareil. Dépité, Quentin continua néanmoins son exploration à travers un rayon quincaillerie bien fourni : de grandes pièces de tissu, des piles de toutes tailles, des adaptateurs pour environ tous les appareils électriques du monde. La population qui fréquentait le marché, intégralement coréenne ce jour-là, semblait assez aisée. En sortant, Quentin demeura interdit devant un parking de motos neuves, presque toutes de fabrication japonaise.

Quentin s'interrogeait tout en contemplant les fresques d'un Kim Jong-il content de lui, des statues enfantines avec des ours, des chats, des lapins, des barres d'immeubles immenses et gris. Pourquoi interdire les photos alors même que le marché offrait une image positive du pays, avec ces marchandises variées et abondantes, sa foule d'acheteurs ?

Perdu dans ses pensées, il ne remarqua pas tout de suite les deux grands tigres en plâtre, taille réelle, devant un bâtiment assez banal. Romain se retourna : « Ici, c'est la galerie d'art la plus réputée de Pyongyang, on va y faire un tour ! »

Dubitatif, Quentin regardait les chiens en porcelaine ou des points de croix représentant un paysage forestier.

Ces basses œuvres coexistaient néanmoins avec des travaux plus intéressants et Quentin fut rapidement emballé par les portraits de travailleurs musculeux et de travailleuses graciles. Romain flasha sur un buste en pierre représentant une belle Coréenne avec les cheveux aux vents, armée d'un revolver Lüger Parabellum. De grandes fresques en mosaïque représentaient des scènes de joie dans des champs abondants et fertiles. Quentin fit l'acquisition, en euros, d'une peinture représentant des couturières dans une usine, tellement heureuses qu'elles dansaient spontanément, sans doute en plein *casual friday*.

Après cette première immersion dans l'art coréen, Romain lui fit découvrir quelques places agréables et un restaurant qui aux dires de tous proposait le meilleur *Dolso Bibimbap* de tout Pyongyang. Le repas commençait par une multitude de petits plats. Quentin tenta d'attraper à l'aide de ses baguettes métalliques des tranches de concombre mariné, des crêpes délicieuses composées de pois vert et un *jongbo* de premier ordre. La base du *jongbo* est une sorte de gélatine de pois vert découpée en grosses nouilles. Le tout était agrémenté d'une vinaigrette, de crudités, champignons et bien sûr d'ail, base incontournable de la cuisine coréenne, qui était parfois même servi en gousses confites comme accompagnement.

Les caquelons en pierre du *Dolso Bibimbap* arrivèrent ensuite sur la table et l'on pouvait entendre le craquement gras du riz qui continuait à cuire en accrochant dans le fond. Le riz était recouvert de bandes d'algues, de fougères, de morceaux de viande, des champignons, surmontés d'une pâte de soja rouge et d'un œuf au plat.

Quentin profita ensuite des rayons paisibles d'une fin d'automne sur une place tout en tentant de digérer l'ail et les différentes impressions qu'il était en train d'absorber. Des Coréens passaient devant lui en riant et il se dit que l'avenir de l'homme était la mort. Surpris d'avoir ce genre de pensée en cet instant précis, il rejoignit le groupe de Français pour continuer son exploration passionnante.

L'après-midi se passa sous de bons auspices, puis le soir fut en équilibre et menaça de tomber. Steph prit la moto, et Cindy, une Française qui venait d'arriver, grimpa à l'arrière. Quentin voulait jouir encore du soleil et des vibrations positives tellement improbables que lui envoyaient ce pays honni de la planète entière.

Passage piéton

MMM MMM MMM_Crash Test Dummies

Il était rentré, puis avait skypé avec Sarah et les enfants avant le rendez-vous de huit heures pour aller dîner avec ce même groupe d'expatriés. Il descendit. Personne. Il attendit un peu puis remonta à l'appartement pour appeler Romain :

« Tu n'es pas au courant ? Steph et Cindy viennent d'avoir un accident ! lui annonça Romain.

– Quoi ? Quand ? Comment ? Ça va ? Ils sont où ? »

Quentin et Romain se rendirent immédiatement au *Friendship Hospital*, où Steph avait été admis. À l'étage, ils croisèrent quelques patients en pyjamas rayés en fauteuil ou en civière. Un hôpital où se jouait la banale horreur universelle, avec ses odeurs, ses misères de mortels. Ils arrivèrent devant la chambre de Steph. Devant les baies vitrées permettant de regarder dans la chambre, les infirmières avaient pris soin de mettre des journaux, ce qui, au niveau décoration, était assez audacieux et ôtait aux vitres leur attribution principale.

« Qu'est-ce qu'il s'est passé ? demanda Quentin à Romain.

– Quand ils nous ont quittés en moto, ils ont renversé quelqu'un. Steph est tombé sur le visage. Il a mangé, si tu me passes l'expression.

– Merde, si ça se trouve, on est passés devant ! »

Quentin revit, avec un frisson, dans le rétroviseur le Coréen qui leur faisait des signes tout à l'heure, éclairé faiblement par un lampadaire blafard. Il lui avait semblé à ce moment qu'il leur faisait signe de circuler. Quelques jours dans ce pays et Quentin avait déjà l'impression d'avoir perdu les réflexes humains de solidarité. Coupé des Coréens, il n'avait même pas demandé à Romain de ralentir pour regarder ce qui se passait. Une vive honte s'empara de lui. Cindy, très choquée mais totalement indemne, arriva à ce moment-là :

« C'était horrible. Steph avait le visage en sang. Il voulait dire aux Coréens de nous emmener dans le compound. Personne n'a compris, mais surtout ils se détournaient, de peur d'avoir des ennuis à cause de nous. Je vous ai vu passer sans ralentir. C'était un cauchemar. Ils ne voulaient pas, par peur, nous conduire au *Friendship*. Et puis Steph, avec la lèvre qui pendouillait comme un morceau de steak s'est mis debout et a commencé à marcher. Les gars l'ont rattrapé. Ils nous ont mis dans une voiture de police qui nous a déposés je ne sais où, dans un hôpital de la ville.

– Et comment vous êtes revenus ?

– Moi, j'étais paniquée. On n'avait pas pris nos portables.

– Heureusement, j'ai un peu repris mes esprits et j'ai essayé de trouver un gars qui parle anglais, continua Cindy. Quand j'ai enfin trouvé le gars qui parle anglais, je lui ai demandé de nous faire amener au *Friendship*. Il était hyper embêté, il a hésité. On voyait qu'il avait la trouille de prendre une initiative. On a insisté et il est allé voir un médecin pour lui expliquer. Je pense qu'ils étaient aussi soulagés de se débarrasser de nous. On nous avait mis dans une pièce à l'abri des regards et les médecins n'arrêtaient pas de faire des allers et retours avec l'air embêté. Ils nous ont transférés et Steph a été mis dans une chambre. »

Friendship Hospital

LA FIERA_Axel Krygier

« Vous l'avez déjà vu ?

– L'accès à la chambre est interdit pour le moment.

– Et qu'est-ce qu'on sait du *Friendship Hospital* ? Ils ont de quoi le soigner ?

– …

– Il faut l'évacuer le plus rapidement possible, dit Andrès, le chef de Stéphane. Il y a eu trois précédents, et tous se sont mal déroulés. »

Une infirmière allemande déboula en tourbillon. Greta habitait Pyongyang depuis vingt ans, ce qui démontrait une résistance morale hors du commun ou un passé trouble dans quelque organisation est-allemande en délicatesse au moment de la chute du Mur. Elle demanda fermement à l'infirmière en chef à voir Steph. Après quelques palabres et allers-retours, elle fut autorisée à entrer dans la chambre. Elle en ressortit quelques minutes plus tard, avec un air mi-inquiet, mi-exaspéré.

« Bon, comme je m'en doutais, ils n'ont aucun produit, aucun consommable et la machine pour les radios était HS bien avant que les Beatles ne se séparent. Enfin, ça va, ici ils n'utilisent pas des bouteilles de bière en guise de perfusion. Je leur ai amené quelques antidouleurs et anticoagulants, mais seulement pour la journée. Il faudrait s'assurer qu'ils lui administrent bien ces médicaments-là.

– Ils connaissent leur boulot quand même, non ? » dit Quentin naïvement.

Quatre visages atterrés se tournèrent vers lui.

« C'est pas ça, il faut savoir s'ils ne vont pas garder les produits pour les revendre ou pour des gens du Parti qui en ont besoin… »

Le lendemain, Quentin arriva à l'hôpital de bon matin. Depuis la chambre de Stéphane lui parvint un chant mélodieux. Il passa discrètement la tête par l'embrasure de la porte et vit deux infirmières coiffées de cornettes. Elles avaient pris la main de Steph transformé en *Elephant man*, qui semblait souffrir le martyre, et lui chantaient une gentille chanson. C'était touchant, mais drôlement désespérant. Un quart d'heure plus tard, ce fut le branle-bas de combat à l'étage. Quentin compris auprès d'un médecin qu'il y avait suffisamment d'électricité dans l'un des hôpitaux de la ville équipé en scanners. Steph partit avec ses deux infirmières attitrées. Il revint trois heures plus tard, épuisé.

« Panne de courant, dit Steph entre ses lèvres boursouflées. Puis il reprit en un sanglot : Quentin, je veux partir. Pourquoi je suis encore là, putain ? J'ai mal. J'ai tellement mal ! Je veux me barrer de là !

– T'inquiète, mon gars, ça va venir. Andrès fait de son mieux pour te sortir de là. Le temps de faire les papiers, la procédure et tout, et ça sera bon, dit Quentin. Et puis tout le monde pense à toi. Ce matin, Romain a organisé un petit déjeuner de soutien. Je vais aller leur donner des tes nouvelles. Allez, courage, jeune Skywalker.

– Vu la tête que j'ai, c'est plutôt Dark Vador !

– C'est ce que je voulais dire par « *jeune Skywalker* », quand il ramasse à la fin de l'épisode trois.

– Arrête, ça me fait mal aux fils de rire ! »

Toute la communauté expatriée connue, soit une vingtaine de personnes, était présente pour un « brunch de soutien à Steph ». Tout le monde s'était même pris la main pour lui apporter des bonnes ondes, faute d'un avion médicalisé et de morphine.

« Pourquoi ils l'évacuent pas ?

– Je pense qu'il y a un problème légal, répondit Andrès. Steph a renversé un gars. Il est dans un hôpital. On ne sait pas du tout où il en est. S'il venait à mourir, ce serait la grosse grosse merde. Ils savent que si Steph part, *ciao* la compagnie. En plus, vu qu'ils sont isolés du monde entier, va ensuite le retrouver pour le faire venir. »

Quentin s'enquit dans l'après-midi auprès de monsieur Ri de la personne renversée :

« Très mal, il va très mal.

– Vous êtes allé le voir ?

– Non, mais on m'a dit que ça n'allait pas.

– On ne peut pas y aller, à l'hôpital, au nom des organisations européennes, apporter, je sais pas, moi, des médicaments, ou à manger ?

– Il est dans un hôpital très moderne, où il sera très bien soigné. Nous sommes à la pointe de la technologie dans notre système de santé. Et c'est gratuit pour tout le monde, en plus !

– Mais non, je ne dis pas qu'il n'est pas bien soigné, mais ce serait un témoignage de notre part, juste pour montrer qu'on est désolés.

– Il n'a besoin de rien.

– Comment s'appelle-t-il, d'ailleurs, ce monsieur ?

– Je ne sais pas.

– On peut aller le voir ?

– Ce n'est pas possible.

– Mais pourquoi, enfin, c'est entre êtres humains, juste pour montrer qu'on ne l'oublie pas, que nous sommes solidaires.

– Il aurait fallu ne pas le renverser.

– Des accidents, ça arrive tous les jours.

– Monsieur Stéphane n'a pas été prudent. La personne traversait au passage piéton. Il a peut-être tué cette personne.

– Enfin, il n'y avait pas de passage piéton à l'endroit de l'accident. Vous savez ou vous ne savez pas ce qu'il est advenu de cette personne ?

– Il y avait un passage piéton. Monsieur Kim, lui, sait.

– Monsieur Kim, pouvez-vous nous dire comment va la personne qui a été renversée ?

– Il traversait au passage piéton, et maintenant, la victime se porte au plus mal.

– Vous savez ce qu'il a ? Vous savez son nom ? Vous l'avez vu ?

– Il va très mal.

– Monsieur Kim, est-ce que, s'il vous plaît, vous pourriez aller voir cette personne ? Je me fiche de savoir si le lieu où il est soigné est stratégique ou s'il y a l'électricité. Je veux juste savoir si la personne se porte bien et si elle a besoin de quelque chose. Je peux compter sur vous ?

– Oui, Monsieur Quentin », lui dit enfin monsieur Kim avec suffisamment de sincérité pour le rassurer. Puis il se rendit de nouveau au *Friendship Hospital.*

Comme la veille, l'infirmière en chef l'accueillit à l'étage par un *Please go !?* qu'il choisit d'ignorer et décida d'attendre à l'extérieur de la chambre du blessé car une conversation avait lieu à l'intérieur entre le médecin de l'ONU, une Ouzbèke, et le directeur de l'hôpital.

« Nous devons l'évacuer. Ses proches veulent le voir, dit l'Ouzbèke.

– Il a tout ce qu'il faut ici. Il n'est pas en danger, son état est stable. De plus, nous ne sommes pas du tout certains qu'il soit transportable, répondit le directeur.

– Vous avez des radios ?

– Pas besoin de radio pour dire que si un vaisseau qui irrigue le cerveau est soumis à la différence de pression dans l'avion, cela peut lui être fatal.

– Et pourquoi ne pas l'évacuer par le Sud, en ambulance ? » intervint Quentin en rentrant dans la chambre.

Les interlocuteurs rirent de bon cœur à son intervention, sans même prendre la peine d'y répondre et Quentin sentit le rouge lui monter au front. La mal nommée Zone démilitarisée, DMZ, empêche tout passage entre la Corée du Sud et le Nord, quoiqu'il y ait eu des exceptions pour les délégations sud-coréennes amies de Pyongyang, comme l'ancien patron de Hyundai.

« Mais sa famille le réclame. Vous savez, je suis d'origine ouzbèke, et je sais que pour vous, il y a des contraintes administratives fortes pour le garder ici, mais il faut l'évacuer, tenta le médecin de l'ONU. Ce serait trop grave s'il lui arrivait quelque chose.

– La vérité, Madame, c'est que vous n'avez pas confiance dans notre système de santé. Nous sommes tout à fait capables de nous occuper de lui. Et puis, il ne faut pas oublier qu'il a renversé une personne qui traversait au passage piéton.

– Je suis la représentante des Nations Unies et suis responsable de tous les ressortissants internationaux. Je vous demande encore une fois de revenir sur votre position.

– Nous ferons au mieux », dit alors le directeur en tournant les talons, courroucé.

Au bout de trois jours, le pauvre Stéphane souffrait toujours autant, et les médecins de l'ONU, les diplomates, les ONG, tout le monde mettait la pression à l'hôpital pour l'évacuer sur Pékin. À trois heures du matin, Andrès débarqua à l'hôpital avec un grand sourire. L'avion médicalisé était prêt et les papiers aussi. Il se rembrunit peu après.

« Bon, il y a un petit détail. Il faut que Steph signe un papier par rapport à l'accident.

– On a des nouvelles du type qui s'est fait renverser ?

– Kim m'a dit qu'il était très mal. Je pense qu'ils ne l'ont pas vu et qu'ils ne savent rien. Mais il faut que Steph signe un papier.

– Et tu sais ce que ça dit, ce papier ?

– Ben, en gros, il faut qu'il reconnaisse qu'il était en tort et que le type traversait au passage piéton.

– Ah ! Le fameux passage piéton.

– C'est la seule solution pour qu'il sorte.

– Mais si le gars en venait à mourir, qu'est-ce qu'il se passerait ? On va lui mettre un meurtre sur le dos ?

– Le mieux, c'est de voir directement avec Steph. »

« On change les lignes et les mots et après je signe »
FLY OVER_Asian Dub foundation

Ils entrèrent dans la chambre. Steph était un peu shooté et ne semblait pas trop souffrir. Il avait entendu qu'il partirait sans doute dans les dix heures et il avait eu le plaisir d'uriner à nouveau sans aide, pour la première fois, quelques heures plus tôt.

« Horf dfe qfuestion ! fit Steph avec violence à la lecture du compte rendu, ce qui fit rebondir ses lèvres recousues et enflées avant de le faire grimacer violemment. C'est un tissu de conneries. Après ils vont m'accuser de crime. C'est marqué, là : *Le coupable reconnaît avoir imprudemment conduit et renversé un citoyen coréen qui traversait au passage piéton.*

– Pourtant, on a montré les photos des traces de moto aux flics.

– C'est la version officielle. Celle que les Kim m'ont servie, ainsi que le directeur de l'hôpital.

– Dans ce cas, on change les lignes et les mots et après je signe », fit courageusement Steph, malgré sa farouche volonté de décoller enfin pour Pékin.

Après d'âpres négociations, Andrès fit changer les termes du procès-verbal et Steph signa son bon de sortie.

Sur le perron de l'hôpital, Romain immobilisa le fauteuil roulant dans lequel le blessé avait calé tant bien que mal sa grande carcasse. Une vingtaine d'expatriés, avec trois guitares, l'attendaient. Certains voyaient son visage pour la première fois et ne parvinrent pas à s'empêcher de mettre la main sur leur bouche avec horreur. Puis les vingt voix entamèrent la chanson de départ *I'm leaving on a jet plane, Don't know if I'd be back again* en choeur. Steph se mit à pleurer, rajoutant des larmes épaisses et blanchâtres à son visage martyrisé.

Pas de pitié pour les croissants
LE NEZ DE DOROTHÉE_Corbier

Aucun membre de l'équipe coréenne n'était venu rendre visite à Stéphane à l'hôpital, et ils ne se présentèrent pas non plus pour lui faire leurs adieux, malgré deux années de collaboration.

À Pékin, son cas ne s'améliora pas franchement, et ce n'est que de retour en France qu'on prit la mesure de sa blessure. Des os cassés en pagaille, et plusieurs mois à boire à la paille. Alors que les chirurgiens se penchaient sur les os de son visage, le Français devait avoir les oreilles qui sifflaient, car selon les dires d'Andrès, les Coréens le qualifièrent tantôt de traître, tantôt d'ennemi. Personne ne sut jamais ce qu'il était advenu de la victime de cet accident, qui n'avait pas, loin s'en faut, effacé le passif de la banderole. Dans cette affaire-ci, les choses n'en resteraient pas là. Il était à présent question de vidéos qui auraient circulé sur la fameuse soirée de la banderole. Des personnes étaient convoquées, des rumeurs se propageaient tel un pet sur une toile cirée.

Madame Yun rit

IN DADDY'S CAR_The Cardigans

Nonobstant cette ambiance délétère, Quentin passait son permis de conduire coréen, avec Ivana. Unique document permettant de conduire dans le pays, il ne pouvait être obtenu que par des étrangers résidents, c'est-à-dire des fous restant plus de six mois à l'ombre de la tour du Juche. Malgré presque quinze ans d'ancienneté en tant que chauffeur français, Quentin dut potasser son code de la route coréen, dont la particularité résidait surtout dans la présence des jolies fliquettes et dans leur gestuelle. Il fallait donc apprendre, à grand renfort de dessins qui semblaient tout droit sortis des *strips* américains à 15 cents, ce geste : bras droit tendu en haut, main gauche vous désignant sévèrement. La sueur vous coulait alors sur la nuque, car cela signifiait : « Rangez-vous immédiatement sur le côté, ne sortez pas de votre véhicule et attendez les instructions ! »

Flanqués de madame Yun, toujours silencieuse, Quentin et Ivana se rendirent dans une partie méconnue de la ville. Il n'y avait là que tours d'habitation grises, sans un seul magasin ni restaurant visibles. Ils s'arrêtèrent devant une baraque munie d'une plaque officielle. Madame Yun descendit avec une cartouche de cigarettes qu'elle cachait jusqu'alors dans son manteau. Elle revint au bout de quelques minutes, accompagnée d'un type à la face rouge écarlate, chemise beige ouverte sur un maillot de corps douteux. Des vapeurs de *soul*, l'alcool local, émanaient de son corps râblé. Il n'adressa pas un regard aux Européens. En deux mots, il indiqua au chauffeur un chemin en terre entre les immeubles qui débouchait sur un terre-plein aménagé. Des centaines de personnes étaient en train de couper des arbres. Le terrain était sillonné de traces de roues dessinant des voies, avec sur le bord de mignons petits panneaux en bois peints.

Le groupe hétéroclite patientait dans le véhicule pendant qu'une expatriée passait l'épreuve de conduite devant eux. Madame Yun, plus sérieuse que jamais, considérait sans un mot le véhicule en train de manœuvrer. Sur un des chemins en terre, la conductrice était censée prendre un virage en épingle à cheveux et monter une côte abrupte dans la foulée. La voiture s'élança, prit un virage trop serré et se retrouva en plein milieu de la pente la roue arrière gauche dans le vide. En tentant de se sortir de ce mauvais pas, la voiture recula jusqu'à un fossé, mettant les deux roues avant dans le vide. Et madame Yun se mit à rire comme une petite fille, sans pouvoir s'arrêter. Elle finit par pleurer de rire en se cachant le visage, sous les regards incrédules du chauffeur et de l'inspecteur d'auto-école. Puis elle reprit son calme austère. Après qu'Ivana et Quentin eurent réussi l'épreuve de la conduite, ils raccompagnèrent l'homme rouge à son bureau, où l'accompagna madame Yun. Elle revint en faisant signe au chauffeur.

« Pas d'exercice théorique, madame Yun ?

– Il m'a demandé si vous connaissiez la théorie. J'ai répondu que vous aviez bien appris le manuel. »

Et Quentin jura qu'elle avait souri.

DPRK *vs.* Japon (et le reste du monde)
VA Y AVOIR DU SPORT_Silmarils

L'ambiance du bureau rendue pesante par les récents événements, Quentin cherchait à nouer un peu plus de liens avec le staff coréen. En se baladant sur ce qui restait d'accessible sur l'Internet chinois, il s'était rendu compte que la Corée du Nord accueillait le Japon en fin de semaine pour un match éliminatoire pour la coupe du monde de football. Il en parla immédiatement à monsieur Ri, amateur de foot. Ce dernier se fit un devoir de prendre les renseignements et annonça quelques heures plus tard qu'il était possible d'acheter des places à vingt euros. Quentin accepta et en parla aussitôt à quelques autres expatriés intéressés.

Quelques jours passèrent et Quentin était impatient de découvrir ce que pouvait être une manifestation sportive d'envergure en pays communiste. Comme dans tous les pays du monde, le match, qui était plus un derby contre un pays ennemi, faisait couler de la salive.

« Chol, si tu as un tee-shirt à ma taille aux couleurs de votre équipe, je suis prêt à le mettre !

– Tu sais, Quentin, ce match pour notre pays est très important. Nous avons lutté pendant des années contre l'occupation japonaise et notre peuple entier sera derrière l'équipe Chollima, répondit Chol.

– Je suis très impatient en tout cas. Et puis, j'ai beaucoup entendu parler de ce fameux stade du Premier-Mai ! Je suis emballé qu'on puisse encourager tous ensemble votre équipe, dit Quentin, naïvement. Vous vous êtes occupé des billets, monsieur Ri ?

– Euh, monsieur Quentin, concernant le match, les places sont maintenant à cent euros.

– Cent euros ? Mais c'est le prix d'une finale de coupe du monde ! Ce n'est pas possible. Vous êtes sûr ?

– Oui, il y a beaucoup de supporters qui veulent venir.

– Avec des places à cent euros ? »

Il rit.

« Êtes-vous toujours intéressé, monsieur Quentin ?

– Non, à cent euros, c'est beaucoup trop pour moi. Et puis, ce n'est pas une finale de coupe du monde. »

Le sport et la politique avaient une longue histoire et les pays communistes avaient toujours adoré le sport. Le football était bien sûr très prisé en Corée du Nord. En 1966, l'équipe nationale masculine triompha de l'Italie pour rejoindre les quarts de finale de la coupe du monde. Qualifiés pour la seconde fois de leur histoire en 2010, les malchanceux Coréens étaient tombés dans le « groupe de la mort », c'est-à-dire avec le Brésil, le Portugal et la Côte d'Ivoire. Ils réussirent l'exploit de ne perdre que 2 buts à 1 contre le quintuple vainqueur brésilien. Le public avait soutenu les courageux Coréens perclus de crampes, qui avaient lutté vaillamment contre les assauts des artistes sud-américains. En fin de rencontre, leur entraîneur déclara froidement que les joueurs suivaient les conseils de Kim Jong-il en personne grâce à un micro-téléphone portable de sa propre invention. Malheureusement, leur second match se solda par un terrible 7 buts à 0 en faveur du Portugal. À la conférence de presse, le sélectionneur avait cette fois-ci déclaré que le Grand Leader avait été très mécontent du jeu de son équipe et qu'il y aurait de nombreux changements pour le dernier match de poules, sans davantage revenir sur cette histoire de communication directe avec le Grand Leader. Un journaliste demanda si c'était quand même lui, le sélectionneur, qui composait son équipe. Un individu assis à ses côtés prit le micro :

« Nous ne répondrons pas à cette question. Question suivante ! »

Certaines mauvaises langues dirent que la défaite de l'équipe pourrait être attribuée aux conseils éclairés du Grand Leader qui aurait exigé de ses joueurs qu'ils soient plus offensifs pour leur second match que contre le Brésil.

Apparemment, le truc du micro-téléphone portable avait dû être éventé et interdit par la FIFA, car le troisième match se solda par une victoire ivoirienne de 3 buts à 0. Les Coréens regagnèrent rapidement leur pays et furent soumis, selon les informateurs, à la question publique pendant six heures devant le Parlement, où ils furent fortement chahutés. L'histoire ne dit pas s'ils avaient par la suite conservé le téléphone portable, ni ce qu'il advint de l'entraîneur.

Le match du jour contre le Japon n'était pas retransmis en direct, mais Quentin suivit les résultats par Internet. Il annonça le but au staff coréen, puis la victoire de leur équipe contre l'ennemi juré. Ils exultèrent. Il apprit quelques jours plus tard que le déplacement de l'équipe nippone avait été épique. Les visas avaient été refusés à la plupart des supporters. Les footballeurs avait été accompagnés depuis l'aéroport par une foule en colère déversant des slogans haineux à leur encontre. Alors que les Coréens étaient toujours d'une ponctualité impeccable, le bus des Japonais quitta l'hôtel très tard, et les soi-disant supporters coréens empêchèrent sa progression jusqu'au stade. Les Japonais arrivèrent au stade dix minutes avant le coup d'envoi et n'eurent pas le temps de s'échauffer. L'ambiance d'un stade dévoué corps et âme à leur équipe avait fini par avoir raison de la combativité des Japonais, qui s'inclinèrent.

Quelques mois plus tard, pour la première fois de l'histoire sportive du pays, la Corée du Nord retransmit les matchs de championnat d'Europe de football, avec au moins cinq jours de retard. Ainsi, les Coréens félicitèrent les Français pour la qualification de leur équipe lors des matchs de poules alors que la France venait de perdre les quarts de finale !

Quelques semaines plus tard, les Jeux olympiques de Londres furent également retransmis. Une polémique allait faire beaucoup de bruit à Pyongyang. Lors de la première rencontre de football féminin, la Corée du Nord était opposée à la Colombie. Les joueuses nationales défilèrent sur l'écran géant de quinze mètres sur dix avec le drapeau sud-coréen à côté de leur visage en lieu et place du drapeau nord-coréen. Erreur grotesque du préposé au panneau d'affichage : les joueuses coréennes rentrèrent aux vestiaires, courroucées, avant de revenir une heure plus tard pour finalement s'imposer. Dans les médias coréens, les journalistes ne décoléraient plus, arguant que cela ne pouvait être une erreur et qu'il y avait dans tout cela une provocation de leurs voisins du Sud.

Pendant quelques jours, la République démocratique populaire de Corée était classée quatrième au rang des nations olympiques, avec six médailles, dont quatre en haltérophilie, une en judo et une en lutte. Plutôt des sports de communistes : durs, peu attrayants, un peu comme les anneaux ou le lancer de poids. Mais cela donnait lieu a un vrai élan des Coréens, qui, grâce aux délais de retransmission, étaient restés quatrièmes pendant une bonne semaine. Il y eut de beaux moments, comme lorsque le vainqueur du tournoi d'haltérophilie, Om Yun-chol, interrogé sur sa victoire déclara : « Je crois que le grand Kim Jong-il veille sur moi. » Quentin eut le privilège de voyager avec l'équipe olympique coréenne. À l'aéroport de Pékin, ils achetèrent des dizaines de cartouches de cigarettes. Om Yun-chol rayonnait, on le reconnaissait immédiatement. Dans l'avion, des vrais plateaux-repas avaient remplacé le traditionnel hamburger sec, et le pilote avait pris la parole pour situer le *« Mont Paektu sur votre gauche, où naquit notre Cher et Regretté Leader Kim Il-sung »*. À l'arrivée de l'avion, une fanfare militaire joua en l'honneur de l'équipe, et une foule, avec les femmes habillées en costumes traditionnels colorés et les hommes en gris, noir ou kaki, se massa spontanément avec des petits drapeaux rouge blanc bleu tous identiques sur le tarmac, dans une liesse bien ordonnée, qui produisait une quantité de décibels largement en deçà des normes internationales.

Dispersion

DOWN ON ME_Janis Joplin

Loin des stades, se déroulait un tout autre jeu. L'étau se resserrait autour du groupe d'amis de Romain et de Steph, ceux-là même qui avaient participé à l'organisation de la fameuse soirée et au cadeau. Ils avaient tous été convoqués par leurs organismes de tutelle et ça ne rigolait pas : ils avaient été mis à l'index, et certains avaient dû quitter le pays. On ne savait comment, mais les autorités coréennes avaient mis la main sur des images de la soirée, et ce qu'ils avaient vu ne leur avait pas plu, mais alors pas du tout. Pourtant étrangers à l'affaire, Quentin et ses collègues subirent le poids de l'héritage des absents. Andrès, le chef de Steph, avait beau expliquer à ses homologues coréens qu'en Europe, les gens étaient responsables de leur propre vie à partir de dix-huit ans et que la hiérarchie ne s'exprimait pas de la même façon qu'ici, rien n'y fit. En guise de représailles, toutes les équipes d'Européens furent privées d'accès au terrain pendant plusieurs semaines :

« Chol, tu sais bien que je n'y suis pour rien dans tout cela. J'ai du respect pour ton pays, je ne ferais pas ce genre de choses, tenta de lui dire Quentin.

– J'espère, Quentin. Toi, tu es un père de famille. Mais l'image de notre équipe est affectée par cette histoire.

– Oui, mais là, tu vois que c'est le projet qui en pâtit. C'est la ferme. J'ai tous ces achats à finaliser, les semences d'herbe, les engrais, plein de chantiers à mettre en place et pas d'accès au terrain.

– Oui, mais si Stéphane…

– Mais je m'en fous de ce qu'a fait Stéphane, c'est le projet qui compte pour moi, et là, on peut pas bosser, c'est pas professionnel ! Est-ce que l'on peut au moins installer un fax dans les fermes pour communiquer avec elles, pour s'échanger des informations ?

– Quentin, c'est absolument impossible.

– Mais pourquoi ? On peut les fournir. Et il y a des lignes téléphoniques.

– Quentin, je t'assure, c'est impossible.

– Ou alors au Comité populaire. On leur fournit le fax, comme ça ils peuvent voir qu'on leur envoie pas de plan de bombe. »

Il rit en secouant la tête :

« Toi, tu es le chiant.

– C'est mon boulot, ça. Mais ce qui est chiant, c'est de ne pas pouvoir rentrer en contact avec les gens avec qui on travaille. Même au téléphone, je suis obligé de passer par toi.

– Oui, c'est la traduction, ça !

– Ça va, Chol, ne joue pas sur les mots, tu sais bien ce que je veux dire ; l'autre jour, j'ai dû demander à Han *dongzi* de t'appeler pour te faire modifier le calendrier de culture à présenter, super pratique !

– T'inquiète, ça va, ça va. (Il considéra Quentin avec un sourire désarmant.) Il faut fumer », ajouta-t-il. Quentin le suivit dehors, précédé de l'odeur de carton brûlé, caractéristique des cigarettes coréennes. Chol lui en proposa une :

« Non merci, je vais prendre une clope de pur capitaliste. Les vôtres, elles se consument trop vite. »

La sanction tomba. Le RAC fut fermé jusqu'à nouvel ordre, ce qui était long, surtout vers la fin. La période de deuil qui suivit, prolongea d'autant sa fermeture qui devait perdurer pendant plus d'une année.

Les fêtards partis, l'accident de Steph, le RAC fermé : aux portes de l'hiver, l'ambiance générale s'affaissa, avant d'achever de s'écrouler avec le décès brutal de Kim Jong-il. Mais c'était une tout autre aventure qui attendait Quentin en tournant cette page. Celle de la Corée du Nord en famille.

Chapitre 3

Même la neige ne colle pas

SNOW_The Red Hot Chili Peppers

Pékin si proche

IN MY ROOM_Chinese Man

Dans l'avion qui l'emmena à Pékin, Quentin réalisa qu'il n'avait séjourné sur le sol coréen que deux mois et demi. Il avait traversé bien des brumes électriques et sonnait creux, tant il se sentait vide. Il avait porté ce deuil comme une chemise mouillée en plein vent et se sentait excessivement fragile et inquiet de leur avenir à tous les quatre.

Quand la porte électrique des arrivées internationales de l'aéroport s'ouvrit enfin sur les visages familiers, les larmes et les sanglots vinrent sans prévenir. Instantanément, Quentin se remémora l'arrivée au monde de ses fils. Les pleurs étaient venus de la même façon, tels deux robinets ouverts en grand. Il serra dans ses bras leurs corps moelleux enveloppés d'anoraks et de pulls en polaire. Colin demanda à sa maman, avec la lèvre inférieure qui menaçait de laisser place aux pleurs :

« Pourquoi il pleure, Papa ?

– Parce qu'il est ému, ce sont des larmes de joie, pas de tristesse, mon Colin. »

Enfin, Quentin serra longuement Sarah dans ses bras, puis leurs fils vinrent s'agglutiner. Ils étaient réunis.

Les retrouvailles hors de Pyongyang avaient agi comme une fontaine de Jouvence sur Quentin. Pékin reléguerait Nantes à une banlieue de Nevers : des néons comme sur Times Square, des magasins de luxe dans chaque quartier, des buildings, des embouteillages, du bruit, des gens qui éructaient et crachaient. Le contraste avec la ville de Pyongyang, silencieuse comme un village suisse, était saisissant. Quentin hésita avant de pénétrer dans un magasin, échaudé par une opulence qui s'étalait sans pudeur.

Sarah avait quelque chose à lui montrer. Ils trouvèrent un ordinateur et sur l'écran apparut une photo qui fit bondir Quentin bien malgré lui. Un masque de Kim Jong-un en papier était posé au milieu des bouteilles de champagne vides et des mégots de cigarettes écrasées dans les coquilles d'huîtres vides. Quentin jeta nerveusement des coups d'œil derrière son épaule.

« Détends-toi, tu n'y es plus. Je voulais te montrer ça avant d'arriver. Le thème du déguisement du Nouvel An, c'était *les personnalités qui ont marqué 2011.*

– C'est super, chuchota-t-il, tu peux l'effacer maintenant ?

– Oh, tu crois pas que tu surjoues un peu la psychose ? se moqua Sarah.

– Tu sais, c'était dur à exprimer, ce qu'on subit comme type de pression. Enfin, surtout pendant le deuil. C'est pas de la grosse violence, c'est pas flagrant, mais t'es toujours sur tes gardes, faut faire attention à tout, bien se comporter comme il faut, ne pas choquer. Et puis avec cette banderole, nous, étrangers, étions encore plus suspects a priori. C'est comme si tous les regards étaient dirigés sur nous. J'ai l'impression d'avoir eu un regard sur mon épaule en permanence.

– Tu crois que ça va le faire avec les enfants ?

– Oui, oui, répondit Quentin, s'efforçant d'y mettre le plus de conviction possible. Bon, là, on va arriver un peu à la pire époque. En hiver, beaucoup de gens sont partis et il fait vraiment très très froid…

– Regarde, Papa, il neige ! dit Colin.

– Est-ce qu'il y a aussi de la neige à Pingpong ? demanda Maxime.

– Oui mon grand, il a neigé pendant trois jours juste avant que je parte de Pyongyang. »

Grande Muraille, shopping, pour l'essentiel et le superflu, Cité interdite, immersion dans le monde normal, puis, ce fut l'heure pour la famille Pirmil. Comme pour la rentrée des classes, Quentin sentait une boule dans son ventre à cause des doutes sur leur vie là-bas, mais aussi parce qu'ils volaient sur Air Koryo. À chaque turbulence, Quentin imaginait les pages des journaux français : *Un avion d'Air Koryo, sur la liste noire des compagnies aériennes internationales, s'écrase dans les montagnes du nord de la République démocratique populaire de Corée, emportant une famille de Français. Le régime nie tout problème technique.*

Mais comme dans la plupart des cas, l'avion finit par atterrir.

Cher journal,

Eh bien, ça y est !

Depuis le temps qu'on en parle, nous y sommes !

Nous voila bien arrivés tous les quatre à Pyongyang.

Pyongyang…

J'en oublie en un instant les trois mois de galère qui viennent de passer. Déménagement, paperasse, valises, enfants malades, travail, billets d'avion annulés la veille, vente de la voiture, entretien d'embauche et j'en passe. Oubliés donc, parce que tout ça avait un but : Pyongyang ! Bigre ! J'ai enfin moi aussi le droit d'y être, pour de vrai. J'ai une bombe dans le torse, mes émotions me bombardent, je palpite, de mes yeux je vois, de tous mes sens je sens, de mes pieds je foule, j'y suis !

Nos bagages sont tous arrivés, et en même temps que nous ! Une chose m'a surprise, ils passent par les rayons X juste avant de sortir de l'aéroport... d'habitude c'est avant de rentrer dans l'avion qu'on les contrôle, non ? Ils nous ont fait ouvrir le carton dans lequel j'avais tous les jouets pour les enfants. Effectivement sur l'écran, ils n'ont pas du reconnaître grand chose... Mais quand ils ont vu qu'il ne contenait que des toupies, des Playmobils et des petites voitures, ils nous ont laissé passer sans problème. Même la moto de Spiderman n'a paru gêner personne.

La route entre l'aéroport et la maison était géniale ! Des champs pleins de neige, des gens qui marchent au bord de la route, des enfants qui jouent sur des étendues d'eau gelée et des groupes d'immeubles identiques qui se juxtaposent. En arrivant en ville, nous avons croisé des bus remplis à déborder et avons vu les fameuses fliquettes au milieu des carrefours avec leur bâton rouge pour faire la circulation. « Papa » nous souriait d'un peu partout : fresques, affiches, statues...

De loin, le quartier que nous habitons ressemble aux autres, pas de quoi se relever la nuit ! C'est gris et enneigé. Nous avons fait rapidement connaissance avec le staff de la boîte de Quentin. L'appartement est vraiment super grand, du vrai luxe, si ce n'est qu'on n'y voit rien, les ampoules ne sont pas à la fête ! Mais on s'y sent bien. Maxime est incroyable d'adaptation. Ici comme à Pékin, il est vite comme un poisson dans l'eau. Colin, quant à lui, accuse un peu le coup, comme à Pékin aussi. Il est sensible ce petit chaton, et il n'a que 4 ans. Mais je lui fais confiance, je sais que dès demain, une fois que nous aurons pris le temps de défaire les valises de jouets, que nous serons allés faire une bataille de boules de neige (il en rêve depuis tellement longtemps !), il sera plus à l'aise. En tout cas, ce sont deux super voyageurs.

Brise-glace

BACK IN THE USSR_The Beatles

Ils passèrent sans encombre les douanes avec une quantité de jeux et jouets équivalente à ce que l'on trouvait dans une ville moyenne du pays. Puis arriva Chol, grand sourire. Sarah eut le même mouvement de recul que Quentin la première fois, devant son français impeccable. Il embrassa les enfants qui n'aimèrent pas ça. Dans la voiture qui les amenaient à la capitale la plus fermée du monde, Sarah avait les yeux rivés à la fenêtre et les enfants à leurs livres. Le paysage était plus morne que jamais. La neige n'était plus et avait été remplacée par une glace qui avait figé le panorama en gris et marron. Les quelques personnes qui se déplaçaient encore, semblaient devoir forcer leurs muscles à avancer. Arrivés à Pyongyang, Quentin tentait de considérer la ville comme Sarah devait la voir en ce moment, neuve. Sarah était pleine de questions :

« Ce stade, c'est quoi ?

– C'est le stade du Premier-Mai. C'est le plus grand stade du monde, c'est là où se tiennent les *mass-games*. Et là, c'est le fleuve Taedong qui sépare la ville en deux. On vient de passer sous Morombang, c'est un grand parc pour aller se promener. Et là-bas ce que vous voyez, c'est la tour du Juche.

« Et là, sur la rive ?

– Je ne sais pas, peut-être un théâtre.

– Et là, qu'est-ce qu'il y a d'écrit ?

– J'en sais rien.

– Ce gros bâtiment, là au bord de la rivière, c'est un Opéra ?

– Je crois que c'est un auditorium, mais je ne suis pas sûr.

– Tiens, pourquoi les gens font la queue ?

– Ben, je sais pas non plus.

– Ah. »

Le regard frais de Sarah mettait en exergue sa méconnaissance des lieux : Quentin s'en sentit inexplicablement vexé.

Ils parcouraient des avenues familières que Quentin considérait à présent avec les yeux de ses enfants. Tout ce gris, cette terre sans herbe, ces rues et trottoirs remplis de gens de tous âges qui marchaient sans relâche. Pas de publicité, pas de magasin, en tout cas visibles. Il tentait de pointer quelques lieux un peu enthousiasmants.

« Et puis, là, il y a la piscine dont je vous ai parlé et là, une grande place pour aller se promener. Là, c'est le « flower shop », où on peut acheter euh... du jus de fruits, du pain, mais il n'est pas très bon et... quelques fruits.

« C'est qui le monsieur, Papa ?

– C'est Kim Il-sung, le grand-père de Kim Jong-un.

– C'est lui qui est mort ? »

Quentin faisait signe à Maxime de parler plus doucement pour ne pas froisser Chol qui écoutait devant, mais après tout, c'était un enfant.

« Oui, mais il y a quelques années. Son fils aussi, Kim Jong-il, le père de Kim Jong-un est mort il y a peu de temps. Et les gens sont très tristes de ça, dit Quentin, espérant ainsi écourter la conversation.

– C'est lui qu'est un dictateur ?

– On en reparlera quand on sera arrivé, mon grand. »

Colin, touchant de spontanéité, déclara :

« Ah, bah c'est sûr, à lui il faut pas dire : *Hé, Salut, Kim Jong-il, mon pote !* »

Le rouge monta au front du jeune père.

« Oui c'est ça, mon Colin, il ne faut pas dire ça.

– Ben oui, hein, sinon, on est mort.

– Ah ah ah, mais non, on se fait juste gronder, c'est tout. Oh, regardez, c'est le monument du Parti des travailleurs, vous savez, je vous avais envoyé la photo où je suis devant.

– Hé Papa, Papa ! C'est le monument des dentistes, le monument des dentistes, Papa !

– Ah ah, *hem*, non, mon Colin, c'est le monument du Parti des travailleurs. Tu sais, on le voit aussi sur la BD de Delisle sur Pyongyang. Y'a la faucille, c'est l'agriculture, là où je travaille; le marteau, ça c'est les ouvriers; et le pinceau, ça représente les artistes, les intellectuels et tout. »

Maxime, qui n'avait pas écouté la conversation, s'écria :

« Ah ! Tiens, t'as vu, Papa, y'a le monument des dentistes ! »

Diplomatic compound 4.0

ON EST CHEZ NOUS_Zebda

« C'est ici notre quartier, les enfants. C'est le compound diplomatique. Maxime, si tu veux, tu peux essayer de trouver à quels pays correspondent les drapeaux.

– Pourquoi il y a un soldat à l'entrée du *compang*, Papa ? demanda Maxime.

– C'est quoi le truc rouge dans lequel il parle ?

– Ça, c'est le téléphone, mon Colin. Quand j'avais ton âge, on avait des téléphones comme ça à la maison. Mais, chez nous, ils étaient gris. »

Les bagages furent montés dans l'escalier gris sombre qui semblait attrister Sarah. Mais tous s'accordèrent à trouver l'appartement super. Les autres expatriés étaient partis et ils allaient pouvoir occuper les deux cent mètres carré à eux quatre. Les chambres étaient spacieuses, et la cuisine, malgré ses vilains petits carreaux marron et blanchâtres, fonctionnelle. Le salon, que Quentin avait intégralement réaménagé pour l'occasion, était particulièrement accueillant. Des fauteuils hétéroclites mais confortables résultaient du passage de dizaines d'expatriés. Ils avaient rempli la bibliothèque de leur présence et avaient semé des traces de mains peintes dans le salon. Certains avaient abandonné des clubs de golf, des photos, et même un crocodile gonflable que Quentin avait sorti pour le montrer aux enfants :

« Les gars, quand on ira à la piscine du Old Diplo, on prendra Crocoplouf avec nous ! »

Aux murs, des gravures, des pages d'un calendrier de 2009 à la thématique paysages indiens et un triptyque figurant des agentes de la circulation à différentes saisons.

Les enfants aimèrent tout de suite leurs grandes chambres, le salon gigantesque et :

« Hé, regarde, Papa ! On peut faire des glissades dans le couloir ! »

Cher journal,

Quel pays bizarre !

Après quelques semaines, je commence à m'habituer à deux-trois petites choses pourtant surprenantes au démarrage.

Nous habitons dans le quartier des ambassades, une ville dans la ville en quelque sorte. Enfin... l'ensemble ressemble plus au Val-Fourré de Mantes-la-Jolie qu'au 16e arrondissement de Paris.

Notre immeuble se trouve là, au milieu des autres. Il est gris, pas très haut et pas très beau, comme ses copains à côté de lui. L'entrée du bâtiment est... comment dire ? Glauque ? Oui, c'est ça, glauque. Et sombre aussi. Au Val-Fourré, au moins, ils ont de la lumière dans le hall, et des ascenseurs aussi. Pas de ça ici ! De toute façon, avec les coupures de courant régulières, mieux vaut éviter l'ascenseur ! Donc les cinq étages, c'est à pied.

L'appartement est immense. Les pièces sont nombreuses, grandes et claires. C'est gentiment décoré, on sent le passage de nombreux Français dans cet endroit, chacun y a laissé sa trace : DVD, bouquins, tableaux... Sur les murs, on trouve des toiles coréennes, des affiches de propagande et quelques chinoiseries pas très heureuses. L'ensemble est agréable et même si le sol de la cuisine est à vomir (c'est un détail), il y a tout le confort : cuisine équipée, canapés, bonne literie, lave-linge, et aussi du bon matériel de son pour envisager de bonnes fêtes entre amis !

Il faut prendre le pli pour y vivre au quotidien, mais une fois que les choses sont comprises, c'est plus simple. C'est un peu déroutant au début, mais on s'y fait, c'est une question d'organisation. Quelques exemples :

1. En entrant, on laisse ses chaussures mais on ne reste pas pour autant en chaussettes, on met des petits chaussons mignons. Ce n'est pas tellement qu'il fasse froid, les appartements sont bien chauffés, mais c'est pour ne pas avoir le soir, les pieds tout noirs. C'est à cause de la poussière de charbon qu'il y a partout. Même la neige dehors est complètement noire par endroits. Sur le balcon, il y a des coulures de noir peu ragoûtantes le long de la rambarde, ça c'est quand la neige fond, ça dégouline !

1 bis. Quand on rentre chez les autres, évidemment, on n'a pas avec soi ses petits chaussons mignons. Mais ici, on est *One Love One People Get Ready*, alors il y a toujours chez les autres dans l'entrée des tongs en plastique pour toi, qui remplacent tes petits chaussons mignons. Moi non plus, je ne trouve pas ça très pratique avec les chaussettes rendues épaisses par le froid que nous portons tous dans nos croquenots, mais, je n'ai encore osé en parler à personne à vrai dire...

2. Il y a deux salles de bain, mais une seule où il y a de l'eau chaude. Quand il y a de l'eau.
2 bis. L'eau est un grand mystère. On n'en a pas tout le temps. Ça oscille entre une heure par jour et cinq-six heures par jour. Souvent le matin, mais attention, ça peut varier. Il faut viser juste pour la douche. La vaisselle, c'est moins grave, quoique laver des assiettes grasses à l'eau gelée ne soit pas une partie de plaisir. La chasse d'eau, on peut s'organiser autrement, et pour boire, on a des bonbonnes d'eau potable.
3. Internet démarre en général quand l'eau s'arrête. Je crois que ça n'a rien à voir, mais ça coïncide. Plus ou moins. Nous avons accès à l'Internet chinois, ce qui exclut un certain nombre de pratiques à la française : blog des copains, Facebook, YouTube, etc. On peut cependant lire la presse en ligne et même parfois écouter la radio.
4. « Stab' » est un mot connu de tous ici. Celui qui ne le connaît pas est un bizut ! Chez nous, derrière la porte d'entrée, il y a une feuille sur laquelle est écrit « éteindre tous les stabs en partant ». J'ai mis un peu de temps à m'intéresser à la chose, j'aurais bien voulu ne pas en faire cas pour dire vrai, mais l'actualité m'a poussée à faire un effort d'adaptation ! Un stab' est donc un stabilisateur. Il y en a au moins trois ou quatre par appartement. Ils servent à stabiliser le courant (oui merci !) parce qu'il y a de nombreuses coupures mais aussi de nombreuses variations de la tension. Ils sont tellement sollicités et donc utiles, que celui de la salle de bain a pris feu cette semaine laissant moult traces ostensibles sur le mur, et qu'un deuxième a failli en faire autant tellement il a chauffé. Ces petites bêtes sont indispen-

sables aux appareils électroniques, nombreux dans les habitations d'Occidentaux que nous sommes. Il faut donc, et c'est particulièrement pénible, penser toujours et toujours à allumer ce *p..... de stab'* quand on veut utiliser l'ordinateur ou la machine à laver, penser encore à l'éteindre quand on arrête, et encore le rallumer, etc.
5. L'électricité n'est pas un aussi grand mystère que l'eau mais elle a ses caprices. Il y a de courtes coupures un peu tout le temps, mais c'est en début de soirée qu'elles sont le plus fréquentes. C'est l'heure de l'apéritif, alors ça donne lieu à des situations que je trouve cocasses : on est ensemble, *blablabla* on cause et *tac!* on se retrouve dans le noir complet. Celui qui était en train de parler, finit sa phrase tranquillement, sans que personne ne réagisse (l'habitude sans doute). Pas un « Tiens, une coupure! », ni même un « Rôôô encore! ». Rien, pas de réaction. Et puis à la fin de cette phrase, il y a quand même un blanc de plusieurs secondes, tout le monde dans le noir, on ne voit plus que les silhouettes (et encore). Tout le monde attend, sans rien dire. Moi ça me fait trop rire ces situations, mais j'ai l'impression d'être la seule, alors je pouffe doucement dans mon coin. Et hop! ça repart, comme si de rien n'était, la soirée reprend son cours, jusqu'à la prochaine...
5 bis. Concernant l'électricité il y a un fait étrange qui serait lié à la très faible tension chronique. Les ampoules s'éteignent et se rallument au gré de la force du courant. *Plop! Plop!* Mais ça, ça n'arrive pas tous les soirs, seulement ceux où on y voit déjà particulièrement mal.

L'endroit est super. Je m'y sens bien. Aux toiles déjà sur les murs, nous avons ajouté des posters de Tony Parker et de Flash MacQueen. Les Lego, Playmobils et autres cartes Pokemon envahissent peu à peu les espaces au fur et à mesure que nous vidons le carton de jouets. Colin et Maxime jouent aussi beaucoup à explorer notre lieu de vie. Ils se font des cabanes dans le cagibi, font des cache-cache et des batailles de coussins... La vie normale, en somme.

Et nous sortîmes dans la rue

LES GARÇONS DE MON QUARTIER_Juliette

Pas de vent, un beau ciel clair et -15°C au compteur. Quentin en rêvait depuis un moment, il put enfin faire découvrir à Sarah et aux enfants la grande place Kim Il-sung, aussi fièrement que s'il l'avait construite lui-même.

« Papa, j'ai froid !

– Papa, j'ai envie de faire pipi !

– Ok, ok, les gars, on va se faire un restaurant... sur un bateau.

– Ouais ! »

Malgré le chauffage que la serveuse installa à leur arrivée, la température culminait à 7°C, ils gardèrent donc leur anorak. Quentin, en bon père de famille, commanda plein d'assurance pour ses fils un *Om raïssou*, sorte de riz cantonais enveloppé dans une omelette, précédé de galettes de pois verts, de canard sur plaque chauffante et des *Kim Bap*. Sarah prit un *Rice Curry*, riz avec des légumes et des tout petits bouts de viande trempant dans une sauce curry et un *Kimchim bap*, riz au *Kimchi* de premier ordre. Comme à chaque repas, une infusion à base d'orge grillé leur fut servie ; cela avait le goût d'un *Weetabix* dilué, mais cela remplissait son office de réchauffer quelque peu les corps.

Colin dessina un bonhomme dans la buée de la vitre du bateau. La serveuse lui avait déjà mis trois fois la main dans ses cheveux blonds et il manifesta une timide mais suffisante opposition à la quatrième. L'aquarium était manifestement vide depuis un bon moment. Derrière le comptoir couvert d'une dentelle couleur bleu pétrole, des petites guirlandes jaunes et vertes ornaient la vitrine où étaient présentés divers aliments dont les dates de péremption remontaient avant la dernière apparition d'un joueur français en finale de Roland-Garros. Les serveuses portaient des doudounes et des mitaines et se réchauffaient comme elles pouvaient à l'aide de petits coussins chauffants imprimés d'un ourson. Sur le comptoir trônaient une grande calculatrice et un gros téléphone posé sur un coussin brodé. Quentin amena Maxime aux toilettes en emportant son propre papier, car aucun des restaurants de la ville n'en était équipé.

« Ya pas de toilettes, Papa, ya un trou.

– Oui mon grand, tu es sur un bateau. Il faut faire pipi dans le trou.

– Oui, mais je veux faire caca.

– Ah. »

Quentin considéra ses deux mouchoirs, visualisa le collant, le pantalon de ski, les bottes fourrées, le col roulé, un pull en polaire et le gros anorak. Retrousser, éviter que cela ne traîne par terre, toute une gymnastique.

« Bon, donne-moi tes gants et enlève ton anorak.

– J'ai froid, Papa.

– Oui, je sais, mon grand, moi aussi, mais là, si tu veux faire caca, tu n'as pas le choix.

– Je vais attendre qu'on soit rentrés, en fait. »

En revenant à table, il constata que Sarah et Colin avaient les lèvres bleues. Cela devait, semblait-il, clôturer le repas. Ils rentrèrent à l'appartement et Maxime courut aux toilettes.

« Maxime, tu as encore oublié de tirer la chasse d'eau.

– Non, Papa, c'est parce qu'elle marche pas. »

Quentin prit le seau et remplit le réservoir des toilettes. Le temps de se décongeler et il était déjà temps pour lui de retourner travailler.

Cher journal,

Depuis que nous sommes arrivés, nous sommes à la recherche d'enfants. Comme une obsession, dès qu'on entend une voix ou un rire d'enfant, on essaie d'en localiser la provenance. Souvent, ça vient de derrière les murs qui nous entourent alors on ne sait pas à qui ils appartiennent, les murs sont assez hauts. Le mois de janvier n'est pas très propice aux rencontres dans la rue. Il fait si froid. La bataille de boules de neige que nous programmions depuis si longtemps fut un fiasco ! J'ignorais qu'à -20°C, on ne peut pas faire de boules ! Ça ne colle pas, la neige est comme de la farine et nous coule entre les doigts. Il fallait voir la tête de Colin quand on s'en est aperçu. Il était tellement déçu, son visage m'a brisé le cœur. Il a dit que c'était nul et que *ouin ! ouin !* vous avez menti, on peut même pas faire un *bolonne* de neige.

Bon, du coup, puisqu'on veut trouver des enfants, je suis allée voir l'école ce matin. C'est une école coréenne pour les étrangers où tout se passe en anglais, m'a-t-on dit. Je sais que ce sont les vacances pour l'instant, mais il me faut d'autres enfants, et vite. Les histoires drôles du journal de Mickey et les discussions Gormiti-peuple-du-feu… je fais beaucoup d'efforts mais je ne suis pas vraiment raccord. Après une bonne demi-heure d'habillage, je devrais plutôt dire d'armement antigel, nous sommes donc partis tous les trois à pied dans le froid glacial. L'école n'était pas très loin, un petit quart d'heure de marche dans le compound.

Il y a un grand portail ouvert à l'entrée et une petite plaque dorée sur le côté où pourrait être écrit : École de Magie et de Sorcellerie de Poudlard. Mais non ! À la place on peut lire *Korean School For Foreigners*, plus le même en alphabet coréen. Le bâtiment est sobre, le gris béton s'harmonise parfaitement avec les autres bâtiments voisins. La dame de l'accueil a très vite été chercher monsieur le directeur, la cinquantaine, manteau et chapka kaki, pommettes saillantes, et dents en or. Enthousiaste, je lui ai exposé notre situation, nous venons d'arriver et voudrions inscrire nos deux enfants. Malheureusement, je ne comprenais pas un traître mot de ce que lui me disait en retour. En anglais aussi, pourtant ? Pas sûre ! J'ai bien compris en revanche lorsqu'il m'a ouvert la porte sur laquelle était écrit : *Waiting Room.* Nous sommes donc entrés, Maxime, Colin et moi dans cette pièce aux murs vides où étaient seulement accrochés les portraits de Papa et Grand-Papa, sérieux, stoïques, présents. Nous nous sommes assis dans le gros canapé ultra-confortable, une table basse avec fleurs en plastique aux couleurs délavées devant nous. Un brin impressionnés par l'endroit, sans enlever ni nos manteaux ni nos gants, nous avons attendu.

Dix minutes plus tard, le temps pour nous de jouer avec la fumée qui sortait de notre bouche quand on parlait, le directeur revenait avec une jeune femme emmitouflée dans un blouson doudoune coiffée d'une queue-de-cheval et perchée sur de larges talons la poussant à 1,60 mètres de hauteur : *the teacher*. Je pensais qu'ils nous feraient faire le tour du propriétaire, mais non, le directeur m'a invitée à rester en place dans l'un des deux fauteuils qui faisaient face aux deux chers dirigeants. Lui s'est assis dans le fauteuil à côté de moi; *The teacher* s'est assise dans le canapé devant nous, sous les portraits, entre mes fils.

À partir de là, je me serais crue dans une rencontre diplomatique aux sommets. Il s'adressait à moi en coréen, me souriant de toutes ses dents en or et madame *the teacher* me traduisait. C'était donc ça! Monsieur le directeur de la *Korean School For Foreigners* ne parle pas anglais. Nous avons parlé de choses normales, l'âge des enfants, les classes dans lesquelles ils seront, etc. Nous étions tous les trois très heureux de nous rencontrer, les enfants, eux étaient un peu moins enflammés. Au bout de dix minutes d'entretien, ils commençaient à montrer des signes d'impatience que je comprenais bien. Nous nous sommes donné rendez-vous une semaine plus tard avec les papiers nécessaires à l'inscription.

J'ai comme un pressentiment sur cet endroit. Comment dire? Ça n'a pas l'air très *fun*. Je ne sais pas, peut-être est-ce parce qu'il fait -3°C à l'intérieur ? Les visages croisés me font un peu penser à l'école de *Candy* ou de *Princesse Sarah*. Le tableau d'honneur des élèves du trimestre précédent est affiché au feutre dans l'entrée, à côté de l'actualité du Cher Leader... Mmm ! Pas très engageant. En même temps, cette école c'est la possibilité pour moi de ne plus passer que 22h/24 avec les enfants et eux, ça leur donne une chance de rencontrer des potes... Pas de doute donc, on les inscrit la semaine prochaine !

Fin d'hibernation

AS FAR AS I'M CONCERNED_Me One

Après de longues semaines sans pouvoir se rendre sur le terrain, Quentin put à nouveau travailler dans les fermes. Le thermomètre flirtait tout de même avec les -20°C.

Trois lieux, trois routes différentes ; tous à environ cinquante kilomètres de Pyongyang. Ils roulaient depuis à peine cinq kilomètres quand Quentin vit les premiers. Et puis d'autres et d'autres encore. Des centaines, puis des milliers de pauvres hères pliés en deux en train de casser la glace, centimètre par centimètre. Des dizaines et des dizaines de kilomètres, des centaines de milliers de personnes. Avec des pelles autofabriquées, parfois des bouts de bois. Alors qu'eux, tels les nobles du Moyen Âge, du haut de leur gros 4x4 avaient trop chaud. Le chauffeur, non content de ne pas savoir régler un chauffage, semblait accélérer à la vue de ses tristes gens emmitouflés de fortune. Il klaxonnait même, d'un son qui résonnait comme *dégage, larve insignifiante !*

Le 4x4 financé par les contribuables de l'Union européenne fonça grossièrement en soulevant des gerbes glacées. Protégeant nuques et visages, les camarades, battus par le froid, se jetèrent sur le bas-côté. Quentin croisa le regard plein de souffrance de l'un d'eux et une chaleur de honte afflua à ses oreilles.

« Il est obligé d'aller si vite, cet imbécile de chauffeur ? s'emporta-t-il, puis s'adressant directement à lui : Hé, ho, *tak! tak!* (doucement), c'est une voiture de l'Europe, ça, il faut respecter un minimum les gens ! C'est notre drapeau que vous transportez avec vos manières grossières, là. Faites au moins semblant de ne pas les mépriser. Traduis, Chol, s'il te plaît. »

Puis Quentin se mura dans un silence d'un quart d'heure :

« Chol, c'est incroyable tout ce monde au bord de la route. D'où viennent-ils ?

– Ils viennent des entreprises qui mettent à disposition leur personnel.

– Vraiment ? Mais comment sont-ils avertis ? On leur envoie un fax ?

– Ah ah ah ! Toi, vraiment, tu es chiant », dit Chol en riant un peu amèrement.

La discussion fut alors close.

Cher journal,

Nous avons un problème avec le CNED. Il y a eu un couac et le colis nous attend depuis un mois en Bretagne. Résultat : le CNED doit nous réexpédier l'intégralité, soit un mois de plus de retard. Il va falloir continuer à improviser l'école à la maison, *Poudlard* n'ouvre que dans deux semaines. Pour l'instant, j'utilise ce que je me suis envoyé par La

Poste avant de partir. Sérieusement, j'ai assuré pour ce déménagement, on ne manque de rien, je me félicite, tiens !
Pour Maxime j'utilise des cahiers de vacances, ces cahiers même que j'ai toujours regardés un peu en biais dans les maisons de la presse. J'ai aussi des supports que sa maîtresse m'a confiés. J'aime bien faire la classe, ça se passe bien. Le CE1, c'est beaucoup de grammaire et de conjugaison mais c'est aussi des calculs et des sciences. Finalement, nous nous disputons moins avec Maxime que ce que j'avais imaginé. Je peux aller à son rythme, on a tellement le temps !
Avec Colin, on fait des dessins, des coloriages, des puzzles, des points à relier, des autocollants... Pour ma plus grande satisfaction, il prend plaisir à rester assis devant une activité et il finit toujours son travail, même s'il doit le faire en plusieurs fois. Je suis moi aussi une bonne élève, j'applique bien tous les conseils que sa maîtresse m'a donnés avant de partir. J'ai toujours tellement admiré ces femmes à la tête d'une classe de vingt-sept enfants de moins de cinq ans (ou même plus grands) que lorsque j'ai réalisé que j'allais moi aussi devoir faire la classe non pas à vingt-sept mais à deux enfants, j'ai pensé que je n'en serais jamais capable. Et puis voila comme d'habitude, je m'aperçois que l'on est toujours plus fort que ce qu'on croit.

J'ai pu récolter quelques témoignages sur *Poudlard*. Il paraît qu'ils font des exos de maths en comptant des chars et des missiles... Peut-être qu'au *Kindergarten,* ils leur feront faire les coloriages sur fond de tête du Leader ? On me dit que les institu-

trices sont gentilles. Ça me rassure, mais je demande à voir quand même !
Quoi qu'il en soit, les inscriptions sont faites. Ils seront cinq dans la classe de Maxime et quinze dans celle de Colin, de quoi faire rêver nos enseignants français. J'espère qu'ils s'y plairont. Ils seront avec des Nigérians, des Népalais, des Pakistanais, des Érythréens et des Syriens. Extra ! Moi qui trouvais que la Bretagne manquait de brassage ethnique.
Mais le cadre est strict quand même... Ma deuxième impression n'a pas été meilleure que la première. Je me persuade que ça va bien se passer, mais pour être honnête, je trouve l'endroit un peu glauque. De toute façon, je ne pourrais sans doute pas travailler ici, les horaires d'école ne sont pas compatibles avec une maman qui travaille, alors je pourrais toujours les emmener là-bas seulement quelques matinées par semaine. Mon but, c'est quoi ? 1. qu'ils se fassent des copains et 2. qu'ils apprennent l'anglais. Pour le reste, Maxime est inscrit au CNED et il aura sa validation pour sa scolarité française. Allez ! Tout va bien se passer !
En attendant, heureusement qu'ils sont tous les deux ! Que c'est bon d'avoir un frère dans un désert d'enfants ! Ils sont précisément en train de se chronométrer dans l'appartement pour savoir qui va le plus vite entre la cuisine et le salon !!

Ne faites pas aux truies...

LES ÉCORCHÉS_Noir Désir

Il y avait manifestement eu volonté de bien faire. Des deux côtés, d'ailleurs. Quentin faisait l'effort d'exprimer à ceux qu'il n'avait pas vus depuis le décès de Kim Jong-il, ses condoléances pour « le décès de votre Grand Leader ». Le directeur, de son côté, avait visiblement prit ses remarques en considération. Une truie coréenne ayant autant de propension à se vautrer dans la fange avec bonheur que partout ailleurs dans le monde, parler de propreté en pénétrant dans la porcherie eut été exagéré. Néanmoins, l'atmosphère était bien meilleure et les lieux plus propres. Le directeur parla avec un air satisfait, traduit par Chol :

« Ils ont appliqué notre consigne de nettoyer les auges, les abords des cases et même les truies.

– C'est incroyable la capacité que tu as à mémoriser les termes techniques, Chol. Je suis impressionné, comme d'ailleurs, tu peux lui dire, par l'efficacité avec laq…

– Mais qu'est-ce que c'est que ça ? Elle est toute pelée, cette truie !

– Le directeur me dit qu'il a demandé au responsable de l'élevage de nettoyer les truies.

– Mais celle-là aussi, et l'autre. Celle-là saigne. Elles n'ont plus rien sur le dos, mais c'est pas possible, *Godverdomme, dat kan toch niet !* » explosa Quentin, qui à l'occasion faisait exploser son néerlandais maternel.

Le chef de projet respira un grand coup, puis, en élevant la voix :

« Mais la prochaine fois, allez-y carrément au lance-flammes. Avec quoi ça a été fait ? »

Le directeur sourit subrepticement.

« Non, mais moi ça ne me fait pas rire ! Ça m'inquiète même drôlement pour la suite du projet ! Personne ne s'est dit que ça y allait un peu fort, de leur enlever tous leurs poils ? Mais non seulement le gars a écorché intégralement les porcs, mais il a continué et encore et encore. Avec quoi ils ont massacré ces pauvres bêtes de la sorte ? »

Chol traduisait consciencieusement. On apporta un objet métallique à Quentin, en forme de sabot, qui le prit dans ses mains et passa son doigt sur les pointes de l'objet.

« Mais c'est plus coupant qu'un couteau à pain ! Mais c'est pas vrai ! Il fait -20°C, elles n'ont rien à bouffer, il gèle à l'intérieur et en plus vous leur enlevez la seule protection qu'elles ont : leur peau ! Elles donnent pas grand chose, mais je vous le dis, vous avez de la chance qu'elles acceptent encore de vous donner le peu de porcelets qu'elles sont capables de produire. Ce sont vraiment de braves bêtes, ça, c'est sûr ! »

Ses interlocuteurs avaient l'air épuisés. Le directeur avait des cernes profonds et ses oreilles rougies par le froid. Il semblait affecté par le discours de Quentin et affichait un air résigné. Un jeune homme rentra, transi de froid, avec sur le dos un ballot de mauvais fourrage. Il prit une pioche pour casser la glace du réservoir à eau et y plongea le seau pour abreuver les bêtes. Quentin radoucit du même coup le ton de sa voix et offrit une cigarette au directeur. Il tira lui-même longuement sur la sienne avant de reprendre :

« Bon, allez, passons ! Redis-lui quand même, mais gentiment, inutile de l'accabler, que tout ça, c'est pas pour nous, que c'est sa ferme, nous, on ne donne que des conseils. Il n'est pas obligé de les appliquer.

– Oui, là, il a vraiment perdu la face. Ces truies appartiennent à notre Nation et il est de ses prérogatives de veiller à leur bien-être. Tu as eu mille fois raison, continua Chol. Au titre de fonctionnaire du ministère de l'Agriculture, de toute façon, je n'aurais pas non plus pu tolérer ça. »

Derrière Chol, Quentin pouvait voir le directeur en train de passer un savon au responsable de l'élevage en lui secouant sous le nez l'objet du délit.

« Bon, on va déjeuner ? fit Chol en emmenant Quentin par l'épaule. Le directeur du Comité populaire bouffe avec nous », annonça le traducteur.

Le Français se rendit compte qu'il avait laissé son cahier dans la porcherie et tourna les talons. Quand il rentra dans le bâtiment, quatre employés, tête baissée, faisaient face à un responsable d'élevage ulcéré qui leur agitait la griffe métallique devant les yeux. Il arrêta immédiatement sa harangue quand il vit le Français. Quentin proposa une cigarette à la ronde avec un sourire apaisant. Le Français et les Asiatiques partagèrent leur nicotine en silence, l'objet métallique posé à leurs pieds.

Déjeuner autour de l'aide alimentaire

MANGERCRATIE_Tiken Jah Fakoly

Des centaines de personnes affluaient vers la ville, à pied ou à vélo. Très peu de véhicules par ici.

« Je me suis toujours demandé : les femmes n'ont pas le droit de faire de vélo à Pyongyang mais elles ont le droit d'en faire ici, à la campagne ?

– Oui, en campagne, c'est différent. En ville, il y a eu beaucoup d'accidents dans le passé, et notre Grand Leader a décidé qu'il valait mieux qu'elles évitent de conduire à vélo.

– Pour leur sécurité, en quelque sorte.

– Exactement, Quentin. »

Ils furent accueillis en ville par des peintures représentant de solides agriculteurs au sourire éclatant, qui contrastaient assez sensiblement avec les paysans de la vie réelle qu'ils venaient de quitter, épaules tombantes et rides creusées dans des visages pourtant jeunes. D'autres mosaïques, plus sobres, représentaient Kim Il-sung et sa femme dans leurs jeunes années, arpentant la jungle au combat contre les Japonais avec le même revolver que Francis Blake en main, marron sur fond jaune.

Dans l'avenue principale, un agent de la circulation dans son uniforme aux couleurs passées et épaulettes tombantes, les invita à passer de sa gestuelle fatiguée. L'équipe de terrain arriva à l'hôtel où ils avaient rendez-vous avec le représentant local de l'autorité étatique. Dans l'entrée, un grand drap était dressé et cachait une partie du grand mur où l'on devinait la présence d'une fresque de plus.

Le représentant de la province les accueillit avec un sourire rendu étincelant par une douzaine de plombages. Ils montèrent un grand escalier recouvert d'un tapis rouge, façon palace. Les portes s'ouvrirent sur une salle somptueuse. Ils prirent place dans d'immenses fauteuils en cuir, tellement larges que, malgré son envergure, Quentin était incapable de poser les bras sur chaque accoudoir. Le député lui parla en le regardant droit dans les yeux ; Quentin soutint poliment son regard en attendant de se tourner vers Chol afin qu'il lui traduise la tirade.

« J'espère que le projet va aboutir à des choses concrètes. Où est la bouffe ? »

Par « bouffe », Chol, avec son humour piquant parlait de l'aide alimentaire, partie annexe du projet. Quentin expliqua que la bouffe était cautère sur jambe de bois et qu'il souhaitait mettre en place quelque chose de plus durable à la ferme. Avec un sourire qu'il ne se connaissait pas, Quentin déclama :

« Donne du poisson à un homme, il mangera un jour, apprends-lui à pêcher, il mangera toujours. »

Le représentant, agitant mollement la tête semblait n'avoir que de vagues notions d'agriculture, ce qui ne l'empêchait pas d'avoir de très hautes ambitions pour le projet. D'après lui, la ferme produisait jusqu'à mille porcs engraissés par an, chiffre qu'il faudrait doubler d'ici la fin du projet.

La ferme en sortait actuellement une soixantaine en forçant, ce qui fit dire poliment à Quentin que cet objectif était totalement irréaliste. Le représentant n'en continua pas moins à sourire, réaffirma son soutien au projet, en espérant que l'aide alimentaire arriverait bientôt. Il ferma ensuite son agenda, signe qu'il était temps d'aller manger. Le repas n'apporta aucune valeur ajoutée à leurs relations. Le député et ses deux sbires, dont les fonctions étaient difficilement qualifiables, mangeaient leur soupe aux nouilles de maïs à grand renfort d'alcool et de bruits de bouche.

Impossible de savoir qui étaient ces deux autres personnes. L'un semblait être le chauffeur. La fonction de l'autre était insaisissable. Obéissant à un signe de tête du député, il resservit Chol, le chauffeur et Quentin en bière ; plus tard, il lança au Français un sympathique signe de la tête pour l'inciter à manger son délicieux bouillon aux ravioli. Le député engloutit une quantité substantielle d'alcool. En plus de la bière, il avait allègrement vidé quelques godets de *soul*, 25°. Le député, l'œil vitreux, leur dit que ça avait été un plaisir d'échanger de manière franche et concrète sur un projet qu'il accompagnait de ses vœux.

Cher journal,

Ce soir, nous sommes allées à la piscine.

L'endroit s'appelle le « Old Diplo » c'est un lieu très *hype*. C'est grand, il y a du marbre partout, ça en jette un max. Il y a des horaires différents pour les Coréens et pour les étrangers. On ne mélange pas les torchons et les serviettes. Cinq euros l'entrée, à payer en euros. On laisse ses chaussures, on nous donne une clef pour le vestiaire et des petites sandales en plastique, un panier avec deux serviettes par personne, une petite et une grande et même une brosse à dents et un mini-tube de dentifrice (!) La classe, quoi ! Près des vestiaires, il y a des miroirs avec des dizaines de sèche-cheveux et des peignes rangés dans des supports ornés de charmants napperons brodés en plastique. Dans les douches, il y a du shampooing aux pro-vitamines B14 et du gel douche au pH neutre… la claaasse, quoi ! Il y a même non pas un, mais deux saunas à deux températures différentes. Puis, on pénètre dans l'endroit : trois piscines. Une presque olympique, une pataugeoire pour les enfants avec toboggans, jeux et une, intermédiaire, où l'on a pied partout et l'eau jusqu'à la poitrine. Dans celle-là, il y a des grands tubes qui doivent être des jets d'eau pour se masser. Enfin, la claaaasse, quoi ! Au-dessus des piscines, comme des balcons donnant sur une cour intérieure, on peut voir plusieurs salles de sport avec tapis de course,

vélos, et autres machines à biceps. Il y a aussi un restaurant qui donne sur cette galerie.
Nous étions contents tous les trois de découvrir cet endroit qui contraste un maximum avec l'austérité et le froid de dehors.
Sauf que…
L'eau de la pataugeoire devait être à 10°C, et celles du bassin intermédiaire et de la grande piscine à 12°C… C'est pas comme s'il faisait 50°C dehors… Linda qui nous accompagnait a jeté l'éponge et a fait demi-tour à peine le gros doigt de pied plongé dans l'eau. Nous, on était tellement contents d'être là qu'on s'est quand même « jetés à l'eau ». Quand j'y ai mis les épaules, je n'ai pas réussi à étouffer un cri suraïgu qui a résonné dans tout l'espace et Maxime a eu les lèvres bleues au bout de deux minutes. Quant à Colin, il est allé jusqu'aux genoux !! Nous avons donc vite rejoint Linda dans les douches qui elles, étaient chaudes, *hourra !*

Elle avait trouvé une toute petite bassine rose dans laquelle sa fille de quinze mois, Emmy, rentrait à peine. Linda s'en contenta, ils n'avaient plus d'eau à l'appartement depuis hier soir.
Sur le chemin du retour, il faisait déjà nuit. C'est Linda qui conduisait parce que je n'ai pas encore passé mon permis coréen. Et j'étais bien contente de ne pas conduire. *Oh my God!*
Comme le dit la légende, il y a peu de lumière dans les rues. Il y en a… mais peu. Les lampadaires ne sont pas très performants et on ne peut pas compter sur une lueur qui viendrait des fenêtres des immeubles du bord de la rue d'où il ne sort pas un brin de jaune. Par contre, à l'inverse de ce que dit

la légende, il y a beaucoup de circulation. Des gens à pied, en vélos, des bus, des tramways. Et alors, la moitié des bus n'ont pas de phares. Nom de D... ! Pas de phares ! Et puis, tellement ils sont pleins, il y a des gens qui s'accrochent derrière ou sur le toit. Les gens à pied traversent n'importe où et évidemment, eux non plus n'ont pas de phares. Parfois il y a un gigantesque flash qui illumine une partie de la rue, je me demande bien ce que c'est. J'ai d'abord cru à une explosion mais Linda n'avait pas l'air de paniquer, donc je me suis rassurée. Je n'ai pas posé de question pour autant, je ne voulais pas la détourner de sa mission : nous ramener tous les cinq à bon port ! Sans compter que la route est une vraie patinoire, il y a presque partout une couche de glace de deux bons centimètres. Linda envoyait des *Verdammte Scheisse !* des *d'où il sort celui-là ?* et des *je déteste conduire dans ce pays !*
Oufff ! J'étais contente d'arriver entière à la maison. Même si on n'y voit pas grand chose, et même s'il n'y a pas d'eau !

Promenade au monument des dentistes

RUSSIANS LOVE THEIR CHILDREN TOO_Sting

Le soleil brillait. Sarah et Quentin s'étaient mis à deux pour habiller leurs enfants et la petite famille se mit en route pour une balade pédestre. Ils empruntèrent l'unique chemin commun au reste de la ville et au compound, puis débouchèrent sur l'une des artères principales de Pyongyang. Il n'y avait pour ainsi dire jamais d'hostilité dans les regards de la rue, à part une ou deux fois où Quentin était tombé sur des types saouls vaguement agressifs. Mais le changement apparaissait flagrant depuis que des enfants avaient poussé à ses bras. Les gens leur souriaient chaleureusement et faisaient des signes aux enfants, s'approchaient parfois, ce que Maxime et Colin n'appréciaient que modérément, car les passants en profitaient pour leur fourrer la main dans les cheveux. Maxime les avait longs et denses et arborait un air dur, qui refroidissait quelques velléités. Colin, blond aux yeux bleus, était en revanche la cible idéale.

« Il fait drôlement froid quand même, fit Quentin, dégivrant du même coup sa mâchoire.

– Papa, j'ai trop froid ! annonça Colin. On peut rentrer au *compang* ? (Regard noir de Sarah vers Quentin.)

– Les gars, on vient de partir. Et puis, on va voir le monument des dentistes !

– Oui, mais t'as dis qu'il fallait pas l'appeler comme ça !

– Oui, je sais mon Maxime, mais ça, c'est quand il y a des Coréens.

– Et puis, hein, Papa, quand ya des Coréens, il faut pas dire : Hé Kim Jong-un, tu sais ce qui tombe en hiver et qui finit par *-ouille* ? La neige, Andouille ! Sinon, on est mort ! dit Colin très fort dans une rue passante.

– En même temps, dit Maxime avec son esprit de contradiction assez caractéristique, là yen a plein des Coréens. D'ailleurs, pourquoi ils ont tous un pin's. Moi aussi, je voudrais un pin's.

– Ce sont les Coréens qui ont été très sages qui le portent.

– Nous aussi, on a été sages ! Papa, tu peux nous acheter un pin's ? Allez, *steuplé !*

– Les Coréens, ils m'ont pas fait un cinéma dans la boutique tout à l'heure pour acheter des *tache-langues* périmées de trois ans. Vous avez tellement fait de foin que j'ai eu honte et qu'on a oublié la moitié des courses.

– Ça veut dire quoi *périmé*, Papa ? »

Ils arrivèrent finalement au monument du Parti des travailleurs, le préféré de Quentin, immortalisé par Guy Deslisle. Sa plastique n'était pas sans rappeler les premiers jeux d'ordinateurs d'aventure au graphisme soigné, comme *The Secret of the Monkey Island*. Dans l'allée qui bordait le monument, en lisière des immeubles, des petites sculptures en couleur représentaient des chats, des ratons-laveurs pour les enfants… mais en costume de militaires. Sarah prit quelques photos, puis, transis par le froid, ils se dirigèrent vers la galerie d'art située derrière le monument. La galerie semblait fermée, mais il s'avérait que c'était une notion toute relative à Pyongyang, alors Quentin frappa à la porte. Une femme en anorak vint ouvrir et alluma les lumières du bâtiment. Dans l'entrée, une fresque immense représentait Kim Il-sung satisfait d'être au milieu d'un parterre de bougainvilliers.

« Tiens, c'est le Président éternel », dit Maxime, qui au bout d'une semaine, avait déjà acquis certaines notions fondamentales.

Ils pénétrèrent dans une salle immense ornée de tableaux, qui comme Saint-Nazaire, « valent le détour, mais pas le voyage » : des paysages de forêt ou de montagne en automne sur des toiles immenses, des chiens, des chevaux. Ils purent contempler quelques œuvres un peu plus intéressantes d'hommes et de femmes heureux de voir la construction d'un immeuble avancer sous les coups de pioches zélés des camarades ouvriers. Au centre de cette pièce immense, étaient proposés à la vente des centaines de livres, tous du même auteur. Des magazines, enfin, un magazine, traduit en plusieurs langues et le quotidien *Pyongyang Times*, au regard acerbe sur la situation internationale. Dans ses pages apparaissait le Président sud-coréen Lee Myung-bak, allègrement surnommé « le Rat » par les rédacteurs et il était souvent question, en représailles aux abominables atteintes à la dignité nationale, de vitrifier le territoire sud-coréen.

Maxime et Colin sur le canapé, étaient bleus de froid, ce qui, en plus de l'intérêt tout relatif des œuvres présentées, incitait les parents à changer d'atmosphère, quand la camarade conservatrice de musée leur proposa une autre pièce, qu'elle éclaira au préalable, et qui contenait les trésors de l'artisanat local : des petits paniers en osier avec des rubans roses, des poupées qui feraient peur à un enfant d'un an, des petites maisons en bois raisonnablement vilaines, le tout à un prix exorbitant.

« Ah bah, mon vieux ! Vous ne vous oubliez pas, vous ! s'étouffa Quentin. C'est incroyable, les prix que vous pratiquez ! »

Ils regagnèrent leur appartement où les attendait une coupure d'eau. Maxime et Colin firent en revanche une découverte d'importance : le poste de télévision captait TV5 Monde. Et il se trouvait qu'à dix-huit heures, il y avait une heure de dessins animés en français, ce qui constitua par la suite un rendez-vous incontournable pour les deux jeunes frères.

Cher journal,

Aujourd'hui samedi, nous sommes allés faire une grande balade tous les quatre dans la ville. Et quelle balade !

Nous sommes allés voir le Grand Chantier. C'est un quartier entier d'une dizaine de tours de plus de cinquante étages qu'ils sont en train de construire. C'est hallucinant ! On dirait une fourmilière géante. Les ouvriers sont tous habillés pareil, avec des vêtements tout gros qui doivent être bien chauds. Ça tombe bien d'ailleurs, vu qu'il fait -15°C, qu'ils bossent jour et nuit et qu'ils dorment dans des baraquements de fortune au pied des tours. On dirait un peu des bidonvilles, ces baraquements, mais sans les paraboles sur la tôle ! Ce sont des structures pas très hautes, à peine une hauteur d'homme, dont le squelette de bois est recouvert de bâches plastiques. On voit de la fumée qui sort par-ci par-là. Quand ils ne sont pas sur le chantier, des ouvriers-soldats se rendent au fleuve (gelé, on peut traverser à pied) deux par deux portant ensemble sur les épaules deux longs rondins de bois sur lesquels pendouillent des bidons bleus. Dans un sens, les bidons valdinguent mais au retour, les morceaux de bois ainsi que les hommes qui les portent ploient sous la masse d'eau glaciale. Souvent, ils chantent tellement ils sont heureux d'être là.

Sur le chantier, il y a des camionnettes avec haut-parleurs qui jettent de la musique encourageante, justement. Les groupes d'ouvriers se déplacent comme des militaires, ils se mettent en rang, bien droit et à la une, à la deux, à la trois, ils démarrent au pas en chantant d'une seule voix *Heigh-ho, heigh-ho, nous, on va au boulot*, enfin un truc comme ça. C'est très frustrant de ne comprendre ni les paroles de ces chansons ni les banderoles qui tapissent le chantier. Il y a des groupes qui vont chercher du sable dans le fleuve, d'autres qui passent les gros cailloux dans une machine qui les broie puis qui les tamisent artisanalement. Tout ça sur place, au pied des tours en construction. C'est incroyable de se retrouver au milieu de cette ébullition. Ya pas à dire, c'est extraordinaire un peuple qui marche comme ça, *One Love One People Get Ready*. Chapeau, les gars ! J'ai été subjuguée par tout ce volontariat, cet investissement personnel pour la prospérité de son pays. J'en ai encore la larme à l'œil.

À midi, nous avons mangé dans un si petit restaurant que si tu le connais pas, jamais tu peux imaginer qu'il y a un restaurant, là. D'abord, parce qu'il n'y a rien d'écrit sur la porte, ensuite, parce que même s'il y était écrit quelque chose, il est encore un peu tôt pour moi pour le déchiffrer et enfin, parce qu'il n'y a pas de fenêtre et encore moins de vitrine. Comme partout, c'est le bouche-à-oreille, le secret. Nous avons pris notre ration d'ail quotidienne et ensuite, Quentin a tenu à nous montrer une librairie. Ça avait l'air fermé, mais non ! C'est à cause de la puissance des lampes, c'est trompeur de l'extérieur… À l'entrée il y avait un panneau indiquant la liste des nouveautés : *Kim Jung-il, le Leader du 21e siècle, Kim Il-sung, le père de notre patrie…* Le panneau était peint à la main. Même si ça ne fait pas très « nouveautés », c'est très joli, un panneau peint à la main. Je n'ai pas retenu tous les titres, c'est dommage, mais ça tourne sensiblement autour du même sujet, du moins c'est l'impression que j'en ai eue, je peux me tromper. J'ai trouvé les mémoires de Kim Il-sung en français, enfin un abrégé, je suis sûre que je vais apprendre un tas de trucs avec ce livre.

Et pour clôturer un samedi, rien de tel qu'une petite fiesta. Il y avait un départ à fêter. Ça se passait au fameux RAC, l'endroit de débauche des expats, rouvert pour l'occasion car il avait été fermé il y a quelques semaines à cause de petits débordements. Deux Italiens qui quittent le pays pour aller travailler au Soudan. Hum, Khartoum ça doit être de la balle ! J'y penserai pour une prochaine virée en famille. En attendant, cette fête de départ était la bienvenue pour moi. Bière, musique forte et nouvelles connaissances. Je ne suis pas restée trop longtemps afin que Quentin puisse y faire un tour lui aussi, vu le nombre d'enfants sur place les babysitters ne courent pas les rues. Il en a bien profité, il est rentré très tard.

La vie de bureau en Corée

L'ÎLE AUX ENFANTS_Anne Germain

Cet après-midi-là, Sarah et les enfants passèrent au bureau. Yuri les accueillit chaleureusement, puis retourna devant son écran d'ordinateur.

« *Gotverdomme* de point fi de mer… oh pardon, les enfants ! »

La cuisinière s'agenouilla devant eux pour les serrer dans ses bras. Monsieur Ri prit Colin et le décolla du sol. Malgré un visage demeuré impassible, ce dernier était manifestement en train de passer un mauvais moment. Pendant ce temps, monsieur Kim et monsieur Rim, le traducteur d'Ivana, se mirent autour de Maxime et tentèrent de lui tripoter les cheveux. Monsieur Kim fit une tentative de le soulever mais le garçon se débattit tant et si bien que ce dernier abandonna. Chol resta davantage en retrait. Connaissant mieux les Français, il devinait aussi leurs enfants. Colin atterrit, et moins coriace que son frère, décolla à nouveau sous l'impulsion cette fois-ci de monsieur Kim. Pendant ce temps, monsieur Rim s'était saisi de Maxime, dont la colère était en train de monter. Celle-ci pouvant s'avérer violente, Quentin intervint.

L'air maussade après ces agressions physiques, les enfants s'assirent à une table et firent des dessins, que l'on pouvait imaginer plein d'armes et de personnages se faisant trucider. Quentin en profita pour faire visiter les locaux à Sarah. L'entrée, avec une étagère garnie de tongs et de souliers vernis. Les Coréens du bureau, à part Chol, troquaient en arrivant au bureau leur paire de chaussures habillées contre des savates en plastique. Cela donnait lieu à des assortiments étranges, comme l'ensemble costard-cravate avec tongs roses à perles argentées de monsieur Rim. Il y avait là aussi le casque de moto, orphelin depuis que la moto avait fini ses jours contre une jambe de Coréen, d'anciennes paires de baskets laissées par des expatriés, un carton, contenant de l'huile pour les voitures, du matériel pour les fermes et de l'antigel.

À droite en rentrant, un placard où étaient rangés les outils, et la salle de bain, monde mystérieux sur lequel régnait madame Yun, qui y passait le plus clair de ses journées.

De la cuisine émanait une gamme d'odeurs s'étalant de l'ail à la pâte de soja diversement fermentée. Le poisson séché qui proposait quant à lui une imitation saisissante de l'odeur de poubelle d'écailleur oubliée pendant trois semaines, était fort apprécié pour accompagner la bière. On lui arrachait des petits bouts de chair pour les tremper dans un mélange de sauce soja noire et de wasabi.

En Corée, le repas, pourtant sophistiqué, avait pour unique fonction de nourrir. Vite. Quentin avait rapidement préféré partager son tabac que ses repas avec ses collègues coréens. Pauvres en mots, les repas étaient en revanche extrêmement riches en bruits de bouche de toutes sortes.

Quentin qui pouvait sans frémir présenter ses condoléances pour la mort de Kim Jong-il à qui voulait bien les recevoir, bouillait de l'intérieur en présence des bruits de bouche de ses collègues et sentait ses nerfs affleurer à la surface de sa peau quand les Coréens retiraient des petits os ou des arêtes après les avoir consciencieusement sucés. La colère montait quand il devait subir, impuissant, le *flpflp* de la succion des nouilles, et il fut de nombreuses fois sur le point de se lever de table précipitamment lorsque retentissaient les *chomp! mach!* de la mastication. Les femmes, en plus de ne consommer ni alcool ni cigarettes, semblaient curieusement exonérées de bruits de bouche, à l'instar de Chol, qui lui-même supportait d'ailleurs assez mal les bruits de bouche de ses collègues, notamment ceux de monsieur Rim :

« Nous essayons tous de faire des efforts, de nous adapter à votre culture. Bon, les chauffeurs, ils ne sont pas très éduqués. C'est normal qu'ils ne fassent pas trop attention. Là, ce n'est pas une question de culture, de Coréens ou de Français. »

Continuant à parler du traducteur d'Ivana sans prononcer son nom, Chol poursuivit.

« Il sait. Et il fait plus de bruit que n'importe qui.

– Tu penses qu'il fait exprès? demanda Quentin sans ignorer la réponse.

– Tu en penses quoi ?

– Comme toi, quand on l'est, on l'est. Mais toi, tu es bizarre, quand même, non? Le matin, tes compatriotes se trouent le ventre à coup de *Kimchi*, de poisson salé et de légumes assaisonnés de piment, d'ail et de vinaigre. Et toi, tu manges du pain et de la confiture, tu manges du fromage, des pâtes.

– Et en plus, je n'aime pas le riz !

– C'est la preuve qui me manquait, tu es bien un espion ! Non mais sérieusement, comment tu expliques ça ?

– Je crois que ça vient de mon père. Il était orphelin. On l'a envoyé en Roumanie où il a passé onze années de sa vie. Il est revenu avec des habitudes alimentaires européennes, comme celle de prendre un petit déjeuner de pain, beurre et confiture.

– C'était commun d'envoyer les orphelins là-bas ?

– Oui, notre pays était ami de la Roumanie.

– Et le riz ? J'étais persuadé que vous aviez un chromosome spécial riz dans vos gènes ! plaisanta le chef de projet.

– Ha ha ha ! Non, mais vraiment, je préfère les pâtes.

– Tu veux dire : les nouilles froides ?

– Oh non, quelle horreur ! Les spaghettis, les farfalles...

– Et tu veux vraiment me faire croire que tu n'as jamais quitté ton pays ? »

Une autre raison pour laquelle Quentin préférait s'absenter du bureau sur le coup de midi est qu'il était attendu. En plein cœur de l'hiver, les activités offertes par la ville n'étaient pas nombreuses. Faire l'école aux enfants, d'accord, mais le CNED avait mis des mois à envoyer le matériel d'apprentissage. Malgré toute sa bonne volonté, Sarah avait parfois du mal à faire sortir ses fils pour une promenade et les matinées étaient parfois longues. Quentin culpabilisait de cette situation.

Au début, pas de copains, pas de trottinettes. Quentin et Sarah étaient fascinés de découvrir les rues de Pyongyang et tout pour eux était dépaysant.

« C'est plus que ça, avait dit Sarah un jour, c'est *déplanétisant!* C'est l'ultime dépaysement, celui qu'on vit en changeant de planète. »

Mais pour les enfants, ils voyaient moche, nul, gris et Pyongyang se limitait à un lieu considérablement dénué de *fun*, de cartes Pokémon, de toupies Beyblades, et pire que tout, d'amis. À -20°C, c'était aussi toute une histoire pour habiller les enfants. Il leur fallait un collant en polaire, bien sûr :

« Je veux pas, ça me fait trop chaud. »

Mettre des grosses chaussettes.

« Ça gêne dans les chaussures, ça prend trop de place dedans, ça serre. »

Le pantalon par-dessus.

« Noooon, le collant me remonte sur les jambes ! »

Un col roulé.

« Mais ça m'étoufeuuu, j'ai les cheveux tout électriques !

– C'est bon ? Vous avez tous les deux le bas, le collant et le pull en polaire ?

– Papa, j'ai envie de faire pipi ! »

Le coup de la panne

DIESEL AND DUST_Midnight Oil

Le nez contre la fenêtre, Quentin regardait défiler le paysage et pensait à Sarah et aux enfants qui devaient être en train de faire l'école, ou de prendre le petit déjeuner. Chol se retourna vers lui brusquement et le tira de sa rêverie :

« Quentin, as-tu acheté l'essence ? »

Chol aimait aborder de nouvelles problématiques abruptement, comme un rocher qui tombe.

« De l'essence, pourquoi ?

– Pour la ferme.

– Je m'en doute, il n'y a qu'eux pour faire une demande aussi incongrue. De l'essence, pour quoi faire ? s'agaça Quentin.

– Le directeur m'a appelé ce matin. (Quentin commenta pour lui-même : première nouvelle !) Il n'a plus d'essence pour mettre dans le tracteur. »

Quentin sentit son ventre se nouer et une sourde colère monter derrière ses yeux. En effet, le projet avait fourni à la ferme, un tracteur et du matériel adapté pour permettre de faire progresser les conditions de travail de la ferme, mais le marché passé il y a seulement un mois, confirmé par une convention, avait pourtant été clair : l'Europe payait le tracteur, le gouvernement l'essence.

« Attends, il se moque de nous ou quoi ? C'était limpide, pourtant : pas UN litre ! Nous, on fournit le matos, et le Comité populaire fournit le combustible, la ferme s'occupe de l'entretien.

– Oui mais la dernière fois, on leur a dit d'apporter plus d'eau aux truies, du coup, ils ont plus utilisé le tracteur et…

– Chol, tu es en train d'insulter ton intelligence et la mienne. Je ne vais même pas discuter de ça. Je les crois quand ils disent qu'il n'y a plus d'essence, mais je ne crois pas qu'ils s'en soient servi pour les truies. Et en plus, ils me font ça le jour de la formation ! C'est tout mesquin, ça ! »

Quentin se sentait pris au piège, car il avait réussi à faire venir des experts allemands, spécialisés dans les tracteurs, dans la ferme qu'il suivait pour deux journées de formation. Habituellement, le ministère de l'Agriculture coréen préférait cantonner les experts sur leurs propres fermes et n'autorisait qu'au compte-gouttes des visites croisées. C'était donc exceptionnel de pouvoir organiser cette formation. Tout pouvait être remis en cause : pas d'essence, pas de formation !

« Oui, Quentin, tu as raison, ils s'en sont aussi servi pour labourer, dit Chol.

– Oui, mais ça, c'est prévu. Chaque année, ils labourent, et le tracteur qu'on a fourni est dix fois plus efficace en rendement énergétique.

– Oui, mais ils ont labouré plus que d'habitude, insista Chol. Du coup, ils ont pris du retard dans le labour.

– Donc là, tu es en train de me faire porter la responsabilité. C'est pas très honnête. Ils nous font du chantage sur la formation. C'est non. Si on cède sur ce point, ils ne nous respecteront plus.

– Comme tu voudras, je transmettrai ta décision au directeur, dit Chol en boudant.

– Et dis-lui au passage qu'il n'y aura jamais d'essence, comme convenu et tu soulignes *comme convenu*, dit Quentin, les oreilles rougies. Je n'aime pas du tout, pas du tout qu'on me mette la pression comme ça.

Qu'ils se démerdent ! Ils voulaient un tracteur, on a acheté un beau tracteur bleu *niou hollandou*. Ils se démerdent pour mettre l'essence dedans. »

Le Français descendit de la voiture avec un poids sur l'œsophage et eut du mal à sourire au directeur qui l'accueillit gentiment. Il savait aussi que parce qu'il organisait une formation, il devait rester dormir à l'hôtel cette nuit. Il n'aimait pas l'idée de laisser Sarah et les enfants et il faisait un froid à fendre la terre. Dans la cour de la ferme, trois carcasses de tracteurs Chollima trônaient, des machines improbables, de confection russe, rouillées, étaient parfaitement alignées avec un semoir surdimensionné et une presse à plaques métalliques. Le directeur et ses acolytes portaient sur leur visage, les stigmates d'une mauvaise nuit, sans doute glaciale comme le confirmait la température du bureau dans lequel pénétra Quentin. Oh, surprise ! Les portraits des deux Leaders et la photographie de Kim père et fils avaient été enlevés dans le bureau du directeur, remplacés par une trace d'humidité sur le mur. Corrélation. Tout le monde sortit sa cigarette. Le directeur était sur la défensive. Pour le mettre en confiance, Quentin lui demanda s'ils n'avaient pas trop souffert du froid terrible de ces derniers jours. Gêné, le directeur considéra Chol, avant de répondre que tout allait bien. Quentin décida de passer directement à l'offensive.

« Bon, Chol, peux-tu demander si tout est prêt pour la formation de tout à l'heure ? Au passage, tu peux dire que l'essence, il peut se la dessiner, qu'on n'est pas le père Noël ! Tu lui fais comprendre que le chantage à la formation, c'est vraiment pas sympa du tout, que c'est limite manque de respect. Tu mets les formes à la coréenne. »

Chol, imperturbable, traduisit. Le directeur tenta une petite sortie, que Quentin, déterminé, balaya du revers de la manche, tout en se levant.

« Allons voir les truies avant que les formateurs n'arrivent. »

Cher journal,

Hier, je suis allée avec les enfants rendre visite à Shânna, la femme de Prabodhan. Ils habitent dans l'immeuble en face du nôtre et ont un petit garçon, Kaushal, qui a 8 ans. Nous avons descendu nos escaliers gris, traversé le parking gelé et glissant sans nous lancer de boules de neige puisque ça ne colle pas et avons remonté deux étages dans les escaliers tout aussi gris de l'immeuble d'enface pour arriver sur le même palier sans lumière. Nous avons frappé et dès que nous avons franchi la porte, *pan!* nous étions en Inde. Leur appartement est exactement le même que le nôtre, pourtant c'est un autre monde. J'ai senti les fils se figer de surprise quand nous sommes entrés! Le dépaysement se cache parfois là où on ne l'attend pas. Cet appartement est bien sûr très grand, mais la rareté des meubles le rendait encore plus gigantesque. Dans le salon, des tapis immenses et magnifiques recouvrent le lino hideux, de gros fauteuils moches et dépareillés sont poussés contre les murs sur tout le tour de la pièce et des cadres d'un goût douteux ornent l'ensemble. La cuisine est la pièce la mieux équipée, on sent que c'est là que doit se situer le gros des activités de la journée, c'est là que se trouve la vie : des photos sur le frigo, des citations en sanskrit sur les murs, des robots-mixeurs-cuiseurs-batteurs-bouilleurs, de la

bouffe sur chaque centimètre carré à l'horizontale et partout l'odeur sublime de curry.
Shânna nous a offert du thé, des gâteaux, des cacahuètes, de l'eau, du jus d'orange, des fruits et elle disait tout le temps « *Feel free ! Feel free !* » C'était super gentil.
Shânna est une femme indienne d'une quarantaine d'années, très jolie et très accueillante. Elle est femme au foyer et a suivi son mari ici à Pyongyang pour une durée indéterminée. Deux ans, cinq ans ? C'est son mari qui décidera en fonction de son travail. Elle a dans le regard quelque chose d'éteint. La famille n'est pas au complet. Kaushal a un grand frère de 15 ans qui est resté, seul, en Inde pour suivre ses études au lycée. Je sens que le sujet est douloureux. Un silence, un petit soupir et Shânna regarde par la fenêtre en souriant tristement. Elle me dit que les logements ici sont vraiment grands et confortables et que ce qui est très bien, c'est que son mari peut les voir par la fenêtre de son bureau. Encore du thé ?
Pendant ce temps, la glace ne se brise pas totalement entre les enfants. Tant que Maxime et Colin ne parleront pas anglais, cela rendra les contacts difficiles. Et puis, Kaushal est un peu plus grand, j'ai bien vu qu'il était moyennement emballé à l'idée de s'occuper de ces deux nouveaux petits Français. Nous avons pris un nouveau rendez-vous pour lundi après-midi et Colin a eu une excellente idée : il va emmener ses toupies Beyblade. Ça c'est l'instrument parfait pour briser la glace. Un bon combat de toupies et tout devrait rouler ! Enfin, j'espère…
En revanche, nous, les mamans, nous avons bien brisé la glace. Shânna m'a parlé d'une famille

d'Érythrée qui aurait deux enfants de 4-5 et 8-9 ans. Comme tout le monde, ils sont en vacances en ce moment, mais devraient revenir prochainement. Je vais creuser cette piste au plus vite. En attendant, elle m'a rassurée sur *Poudlard* que Kaushal fréquente déjà depuis quelques mois. L'école est nulle, certes, mais les enfants y sont bien traités. C'est tout ce qui compte pour moi. J'avais un peu peur, pour être honnête, qu'ils y soient éduqués à la baguette, mais d'après ce qu'elle dit, ce n'est pas le cas. Après, on n'a peut-être pas tous la même tolérance à la baguette ? En tout cas, ça m'a fait du bien d'entendre quelque chose d'un peu positif sur l'école. Shânna m'a montré les « manuels scolaires » de Kaushal. Ils sont tout mous en papier gris de très mauvaise qualité, l'encre reste sur les doigts un peu comme du papier journal. Les livres font référence au Grand Leader, depuis l'anglais jusqu'à la géographie. J'ai pu voir de mes propres yeux, les exercices de mathématique dans lesquels il fallait compter le nombre de chars américains pulvérisés par l'armée coréenne sachant que la fréquence de tirs de l'artillerie est de cinquante douilles par minute et qu'un blindé a une résistance de blablabla blablabla (soupir).

Et j'ai appris qu'il existe une école russe pour les Russes. Il faut dire que leur communauté est gigantesque par rapport à la nôtre (onze Français, dont nous quatre !) Ils ont leurs propres professeurs, russes, leurs propres méthodes, russes. Oui, c'est vrai que je ne suis pas sûre d'avoir l'esprit plus tranquille avec des méthodes russes à la place des méthodes coréennes, mais, de toute façon, cette école ne nous est pas ouverte, elle n'est accessible qu'aux russophones. Ils accueillent donc non seulement les ressortissants de la Communauté des États indépendants mais aussi les enfants des diplomates des pays de l'Europe de l'Est. Pour les miens, si déjà ils peuvent apprendre correctement l'anglais, ce sera pas mal.

Passepartout

FORT BOYARD_Paul Koulak

Le directeur n'avait pas insisté pour l'essence et ils faisaient à présent un tour de la ferme.

« Toutes mes félicitations pour votre travail, dit Quentin au directeur. Vous avez bien avancé. À propos, vous avez reçu les semences ?

– Oui, ils les ont reçues, dit Chol. Il dit que la qualité est médiocre.

– Merci, c'est gentil, ça ! On peut aller voir ? »

Ils se dirigèrent vers le hangar et restèrent devant la porte.

« Le responsable des clefs n'est pas là.

– Il est directeur et il n'a pas les clefs ?

– Il ouvrira cet après-midi.

– Dans quatre heures ? On va dire que je vais renoncer à comprendre ça, Chol. On fait quoi, en attendant ? Une partie de Scrabble ? »

C'est le moment que choisirent les collègues formateurs pour arriver dans leur 4x4 allemand. Le pâle soleil de mars ne parvenait pas à décider le thermomètre à dépasser le -15°C et les chaises étaient installées devant le tracteur rutilant.

Les employés de la ferme suivaient consciencieusement les informations distillées par l'agronome allemand. Son accent, bien que différent de celui de Yuri, n'en enchantait pas moins les oreilles de Quentin, friand de ces coquetteries du langage. Le parler très technique de l'Allemand captait l'attention des Coréens qui parvenaient à rester attentifs malgré le froid.

À la fin de la journée, Quentin tenta à nouveau :

« Alors, cette porte, on a trouvé le gardien des clefs ? Passepartout, es-tu là ? »

Cette fois-ci, Quentin put pénétrer dans le fameux hangar. Il se constitua rapidement un air expert pour regarder les semences. Dans un coin, il vit des fusils, mais ne fit aucun commentaire.

Cher journal,

Les enfants ont eu leur premier cours d'anglais cette semaine, chacun avec sa future maîtresse. L'école ne commence que dans dix jours, et comme l'ennui guette sérieusement, nous avons négocié ça avec le directeur de *Poudlard*. Ce sont des « *English-extra-lessons* ». Le terme « *extra-lesson* », veut dire « *3-euros-de-l'heure-lesson* » parce qu'ensuite, l'école sera gratuite. Il a fallu s'y prendre à plusieurs reprises pour l'avoir, cette leçon d'anglais, mais on y est arrivés, ouf ! La troisième fois était la bonne.

Mercredi matin, nous sommes arrivés bien à l'heure au rendez-vous. Malentendu, il s'agissait juste de l'inscription. Je pensais que c'était déjà fait, mais non, mais non ! Nous nous sommes à nouveau installés dans la même salle avec les canapés sous les portraits et les fleurs en tissu toujours aussi délavées, et le directeur a recopié les passeports des enfants sur son cahier en papier mâché gris avec des colonnes faites à la main. Ils sont vraiment très sympas, mais ça nous a pris quarante minutes, et puis on m'a dit :« Pour la première leçon, revenez demain ! » avec un sourire et la tête penchée à 45°. « Bon d'accord », j'ai dit. J'avais tellement froid de toute façon, que j'étais contente de partir. Pas de chauffage avec -22°C dehors et pas de double vitrage, je ne sais pas, on doit être dans les 8-10°C à l'intérieur, quelque chose comme ça.

Jeudi matin, l'empereur, sa femme et le petit prince sont retournés à l'école avec dans le cœur l'envie furieuse d'apprendre l'anglais... C'est sur le chemin que je me suis rendu compte que j'avais oublié d'apporter un cahier comme ils me l'avaient demandé. Mais on était presque arrivés, tant pis me suis-je dit, j'en apporterai un pour le prochain cours. Je ne pouvais pas imaginer ce qui nous attendait ! Les maîtresses étaient tout sourire en nous voyant arriver. Juste avant de laisser les enfants, j'ai donc expliqué que je n'avais pas de cahier. Leurs visages se sont figés et elles m'ont demandé : « *And pencils, you have ?* » « Ah non, j'ai dit, *no pencils.* » « *So, tomorrow. For lesson, come tomorrow.* » Là, j'ai commencé par ne pas comprendre ce qui était en train de se passer. En voyant ça, elles ont fini par m'ouvrir les portes des classes : effectivement ! Dans les classes il y a : un bureau pour la maîtresse, une dizaine de petites tables plus les petites chaises, trois posters du siècle dernier avec des ours et des chiffres en anglais, un petit piano électronique sur lequel est peint à la main le mot YAMAHA, et c'est tout. Ah non, ce n'est pas tout, trônent aussi sur le mur du fond, les deux portraits de Papa et Grand-Papa, bien entendu. Mais pas un livre, pas un jouet, pas un cahier, pas un crayon…

« *You should have prepared something for them. Colouring and english book* », qu'elle me dit ! J'étais un petit peu énervée par tout ça, comme une bonne Européenne que je suis. Je me suis permise de leur dire que je suis la maman et qu'elles sont les *teachers*, que ce n'est pas à moi de « *prepare something for them* » et que j'ai eu l'innocence de penser qu'il y avait forcément des crayons dans une école. Juste des crayons, quoi ! Des feuilles aussi, je sais pas moi, le minimum pour faire classe. Finalement, je n'ai pas eu d'autre choix que de m'en retourner une nouvelle fois, sans *english lesson*…

Sur le chemin du retour, emmitouflés dans nos couches de vêtements, nous avons profité du froid qui gifle, de la neige fraîche et des trottoirs qui glissent ! Il fait toujours trop froid pour faire des boules de neige. Nous avons profité aussi du spectacle ahurissant des brigades de Coréennes qui, par groupe de dix, déneigent les trottoirs et les bas côtés de la rue, à la main, à la pelle ou avec un panneau de bois. *Gling gling gling!* Elles grattent, elles frottent, elles repoussent la neige et la glace. C'est un vrai travail de fourmi. Ces groupes-là n'ont pas d'uniforme, elles ne chantent pas non plus. Mais ça ne les empêche pas d'abattre un travail de titan. Elles profitent de leur côté du divertissement furtif que provoquent une maman et ses deux enfants. On se salue et je les entends commenter notre passage en riant. Et dans ce paysage si bizarre, notre chemin entre l'école et l'appartement nous fait passer devant l'ambassade de la Libye, puis devant celle de la Syrie, elles sont voisines ! Alors on dit « Salut la Libye ! » et puis « Salut la Syrie ! », « À demain ! »

Vendredi matin, l'empereur…
Cette fois-là était la bonne ! Nous avions tout : les cahiers, les crayons, les coloriages, et l'envie furieuse d'apprendre l'anglais ! Sur le chemin, nous avons eu la neige, les brigades et les ambassades qui font rêver. Tout était en ordre, enfin !
Maxime est allé avec madame Song, et comme Colin faisait son *timidou*, je suis restée avec lui et madame Yun. J'ai donc eu le privilège d'assister à une « *english-extra-lesson* », et ça tombait très bien. On s'est assis sur les petites chaises, dans cette pièce presque vide. On n'a pas enlevé tous les manteaux, parce que la température n'avait évidemment pas grimpé depuis la veille. Et Colin a commencé à faire les coloriages que nous avions apportés de la maison. Dans « *english-extra-lesson* », il y a « *english* », non ? Parce que sans mentir, il y avait de quoi se poser la question ! Franchement, je parle mieux anglais que la *teacher*. Au bout de dix minutes, j'ai vu mon Colin poser son feutre et glisser ses mains sous son pull. Il était gelé. C'est à ce moment-là que j'ai décidé que cette première « *english-extra-lesson* » serait la dernière ! J'ai donc opté pour un dialogue avec madame Yun en attendant que l'heure passe et que Maxime finisse avec madame Song. Nous avons parlé du froid, du chauffage à l'école (sera-t-il en marche pour la rentrée ?), du nombre d'élèves dans la classe, etc. Dans cette classe, il y aura donc des enfants de nationalités aussi improbables que variées : Iranien, Mongol, Indien, Érythréen, Nigérians (des jumeaux), Allemand, Mexicain,

Pakistanais... Ils seront seize et il n'y a que onze tables, j'ai osé demander s'ils allaient rajouter du mobilier. Madame Yun m'a dit que non, que de toute façon, il y a toujours des enfants en voyage, alors ils ne sont pas tous là en même temps... Puis j'ai récupéré mon grand Maxime, la tête dans les épaules et les lèvres bleues, il avait appris l'alphabet en anglais. Madame Song était fière de me montrer qu'il avait appris que C+A+T en anglais se lit « kèïte » et je me suis dit, ok, l'anglais en Corée, c'est pas gagné !

Parce qu'il y a forcément du bon dans le mauvais, dès demain, nous retournerons à la fantastique *Korean School For Foreigners*, malgré tout, et Maxime aura une nouvelle « *english-extra-lesson* », malgré tout. Pendant ce temps Colin, viendra avec moi au merveilleux *Pyongyang Shop*.

Une nuit au pôle Nord

SHAKE EVERYTHING YOU GOT_Maceo Parker

Le soir, ils étaient attendus dans le seul et unique endroit auquel Quentin avait accès dans cette ville de province excepté la ferme : l'hôtel où il prenait tous ses repas. La réceptionniste le conduisit à sa chambre tapissée de papier peint aux motifs improbables, à la moquette vert sombre élimée par endroits et sa salle de bain en marbre, garnie d'une grande poubelle remplie d'eau. Il n'avait toujours pas ôté son anorak quand on frappa à la porte. Une femme de chambre lui donna une petite bougie. Il la regarda dans les yeux pour une explication, mais elle les baissa, puis s'en fut. Il descendit ensuite rejoindre ses collègues dans la salle de restaurant meublée d'une multitude de tables immenses, dont une seule occupée, où l'attendaient, regroupés autour d'un petit chauffage d'appoint, les collègues agronomes et coréens. Chol, plein d'attention, lui fit signe de s'asseoir dos au chauffage. Le traducteur du Français commençait à connaître ses goûts culinaires : canard sur plaque chauffante, beignets de légumes, salade sans mayonnaise, et une grande galette de pommes de terre. Ils s'apprêtèrent à plonger leurs baguettes dans le plat de canard frémissant quand ce fut le noir. Total.

« *Scheisse* », dit Franz, qui avait fait tomber quelque chose sur son pantalon. Il faut dire qu'il faisait tellement froid que le maniement des baguettes ne s'en trouvait pas facilité. Au bout de dix longues minutes, le courant revint, ce qui leur permit de terminer le repas sans incident, puis de se diriger vers une table de billard contemporaine de Brejnev. Son revêtement, d'origine, maintenant détendu, déviait la boule. Peu pressé de retrouver sa chambre froide, Quentin ne refusa pas une partie. Chol et Franz menaient quatre boules à deux, contre Kim-*Rivers* et Quentin, lorsqu'à nouveau, l'électricité cessa d'alimenter l'ampoule dénudée au-dessus de la table de billard.

« Je pense qu'il faut aller dormir », fit Chol, signe qu'ils ne reverraient plus de courant ce soir.

Quand il demanda à Quentin à quelle heure il souhaitait prendre sa douche le lendemain, le Français comprit qu'il n'y aurait pas d'eau non plus et que la nuit serait longue, une intuition, comme ça. Son corps ne s'était pas réchauffé une seule minute dans la journée et il avait bien du mal à ne pas claquer des dents.

Il regagna sa chambre, chercha à tâtons la bougie et l'alluma. Il fut étonné de ne pas trouver de gel sur les fenêtres, tant il avait du mal à se séparer de son anorak. Il l'enleva et eut immédiatement l'impression de se balader nu dans la neige. Après hésitation, il conserva ses collants et ses grosses chaussettes, pensant les enlever le temps voulu. Il se coucha tout habillé dans le lit, avec trois couvertures, la moindre ouverture lui valant un courant d'air glacé sur les cuisses. Échaudé par les histoires de personnes mortes de froid en pleine nuit, il fut incapable de s'endormir et regarda *Le Bon, la Brute et le Truand* pour la vingt-cinquième fois de sa vie, allongé, les bras rentrés sous les couvertures, l'ordinateur sur la poitrine. À cours de batterie, l'ordinateur s'arrêta juste avant la scène où le Bon dit à Tuco « maintenant je vais dormir tranquillement, car je sais que mon pire ennemi veille sur moi », mais Quentin resta les yeux rivés au plafond. Il finit par sombrer, en collants et jean's, sous trois couvertures d'épaisseur. Il se réveilla le lendemain, le nez et les joues gelées, comme après s'être endormi dans la voiture, une nuit de Nouvel An. Il tourna le robinet de la douche qui émit un *glouglou* stérile. Sa nuit de glace avait laissé sur son visage les stigmates aperçus la veille, à la ferme : valises sous les yeux et teint cireux. Il descendit dans la salle immense et glacée du restaurant avaler un Nescafé insipide, et une tartine avec du beurre rance sur du pain rassis. D'une humeur absolument massacrante, il grogna pour que tout le monde se dépêche.

Quentin avait l'impression de balader un nuage noir au-dessus de sa tête et venait de passer plus de vingt-quatre heures sans s'être réchauffé une seule fois.

« Messieurs, bonjour. Dans vingt minutes, nous entamons la seconde journée de formation. Les tracteurs et les attelages sont-ils prêts ?

– Hum, Quentin, le directeur me fait savoir qu'en raison d'une pénurie d'essence, ils n'ont pas pu mettre les tracteurs en place.

– Il est en train de se foutre de ma gueule, là ? explosa Quentin, à fleur de peau. Tu sais les efforts qu'on a déployés pour pouvoir la faire cette formation ?! »

S'ensuivit une série de jurons en néerlandais que Quentin proféra en marchant en rond dans la cour de la ferme pour se réchauffer.

« Quentin, laisse-moi faire, toi, il faut que tu préserves ton image », lui dit Chol.

Le traducteur parla de manière très sèche au directeur et son énervement se matérialisait par un rougissement de ses joues. Le directeur, qui tout d'abord tenta de répliquer d'un ton badin, cessa immédiatement lorsque Chol cria, produisant un son sec en claquant l'arête de sa main droite sur la paume de la gauche. Puis il se tourna vers Quentin :

« C'est bon, ils ont trouvé l'essence.

– Tu n'étais pas obligé de hausser le ton comme ça, ce n'est pas un écolier.

– Oui mais il se fout de nous, tu l'as dit toi-même !

– Oui, mais quand même, c'est notre partenaire, pas notre subalterne, Chol, ce n'est pas pareil. C'est sa ferme. Nous sommes là pour aider. Et puis, en ce moment, les conditions ont l'air particulièrement dures pour eux, non ? Avec ce froid.

– Qu'importe, nous devons nous faire respecter.

– OK, mais à ma façon.

– Parfois, il faut gueuler, dit Chol, et toi, tu dois garder l'image, parce qu'ils t'aiment bien, et il faut que ça reste comme ça.

– Oui, mais toi ?

– Moi, c'est pas grave, c'est le projet qui compte. »
Un voile léger passa devant ses yeux.

« Bon d'accord. Ça marche. On est une équipe. T'es le mauvais flic et moi, le gentil.

– Comment ?

– Heu… dans les films policiers américains, il y a un poncif. Pendant un interrogatoire, il y a toujours celui qui menace, frappe, et l'autre qui modère et sourit au prévenu.

– Je n'ai vu qu'un seul film américain, c'est *Singing in the Rain*, avec Ginger Rogers.

– Ah oui, donc « *Are you talking to me?* », ça ne te dit rien ? fit Quentin en illustrant son propos d'une mauvaise imitation de De Niro.

– Bon, il faut peut-être commencer le cours, non ? s'impatienta Chol. Ils nous attendent dehors et…

– *You are talking to ME?* »

Quentin rit, imité par Chol et la journée prit une autre tournure. Le Français avait pu avoir un modeste aperçu de la condition de vie quotidienne de ces hommes et se résolut à les ménager. Les salariés de la ferme firent preuve d'une bonne volonté notable lors la formation, posant des questions, observant, notant dans leurs cahiers. La température culmina à -10°C au cœur de l'après-midi, grâce à un pâle soleil et tout le monde fut soulagé quand à seize heures, il fallut ranger les crayons.

« Vivement le printemps, quand même ! »

Cher journal,

Aujourd'hui, 16 février, c'est l'anniversaire du Grand Leader Kim Jong-il. Il aurait eu soixante-dix ans. Il n'est plus, certes, mais nous célébrons quand

même cette date. Pyongyang a été décorée de milliers de fleurs pour l'occasion. Des fleurs en plastique toujours, à cause de la température extérieure qui même si elle remonte ne dépasse pas encore le zéro.
L'école a commencé lundi matin. Et mardi, les enfants ont reçu de la part du nouveau Grand Leader, Kim Jong-un, une grosse boîte de bonbons. Après un petit discours du directeur de l'école pour expliquer que le nouveau dirigeant aime beaucoup les enfants et qu'il veut qu'ils se sentent heureux en ce jour anniversaire, les enfants sont allés un par un à l'appel de leur nom récupérer la précieuse boîte. Nous, parents, avons été invités à assister à cette petite célébration. Tout le monde avait l'air tellement excité et joyeux. En sortant, j'ai demandé à Maxime s'il savait pourquoi on leur a donné ce cadeau, il m'a dit « oui je sais, c'est à cause des deux dessins, là sur le mur… » Et lorsque Quentin est rentré le soir, Colin a accouru, la bouche pleine de sucre en disant à son père « Hé, Papa, on a eu un anniversaire dans ma classe aujourd'hui… et dans ta classe aussi, hein Maxime ?! »

Le lendemain, les enfants ne sont pas allés à l'école parce que nous étions invités par le ministère de l'Agriculture, avec toute l'Unité, à une démonstration de patinage artistique. C'était au grand *Ice Rink* de Pyongyang, un des nombreux très beaux bâtiments de la ville. Bonne surprise, il n'y faisait même pas trop froid. Il y avait là bon nombre de caméras en tout genre, de toutes les époques, toutes officielles bien entendu. Les tribunes bondées étaient monochromes, couleur marron/kaki. Les Coréens

ont un art de l'alignement phénoménal. Même assis dans les tribunes d'une patinoire, ils sont au carré ! Même quand ils applaudissent, ils sont au carré ! Nous étions placés dans la tribune d'honneur, avec d'autres représentants de la communauté internationale, au premier rang, sous les portraits gigantesques des Kim. Maxime, Colin et Emmy étaient les seuls enfants de toute l'assemblée. Ils ont été filmés sous toutes les coutures et sont, paraît-il, passés à la télévision coréenne le soir-même. Cette démonstration était en réalité le gala d'ouverture du 21e festival de patinage artistique de Pyongyang qui a lieu chaque année pour l'anniversaire du Grand Leader.
À dix heures pile, une première patineuse qu'on aurait prise pour un ange, toute vêtue de blanc est entrée seule sur la patinoire munie d'un micro. Au son des cuivres placés dans la tribune est, elle a entonné (chanté n'est pas le mot qui convient) une longue litanie larmoyante dans laquelle j'ai juste reconnu les mots « père » et « Kim Jong-il ». Elle pleurait et se tordait de douleur pour terminer à genoux sur la glace. J'ai trouvé ça pathétique. Il y a eu, à la fin, de longues secondes de silence et puis quelqu'un, que dis-je, *Quelqu'un* a lancé le premier *clap* autorisant nos carrés de Coréens à suivre le mouvement en harmonie. Les applaudissements se sont arrêtés aussi nettement qu'ils avaient démarré et l'ange blanc a laissé la place à une dizaine de patineurs, seuls et en couples, qui sont venus se présenter devant nous. Parmi eux, il y avait un champion olympique russe, un couple chinois et même un couple de patineurs français. J'étais tellement contente de les voir là, ces Français, ça m'a

transportée de joie! J'avais envie de leur faire des grands signes, de leur crier « Soyez les bienvenus! », de leur dire « J'ai envie de parler avec vous », de leur demander « Comment vous sentez-vous? » À défaut de pouvoir gesticuler, je me suis branchée sur le canal télépathie de mon cerveau. Les patineurs se sont donc mis en rang et nous avons écouté tous ensemble l'hymne national de la République démocratique et populaire de Corée. Puis, chacun est venu présenter un programme court de danse. Alors que les Coréens évoluaient tous sur des musiques grandioses aux consonances militaires, les Français, eux, avaient choisi de danser sur la musique de *Dirty Dancing*. C'est fou comme tout ici peut prendre un caractère décalé!? *Now I've... had... the time of my life... No I never felt like this before...* Fidèle à la génération à laquelle j'appartiens, dès les premières notes, je me suis retrouvée propulsée au lycée avec l'envie terrible de serrer mes petits poings et de hurler comme une groupie en tapant des pieds. Un simple coup d'œil circulaire a suffi à me ramener à la raison. Cela m'a demandé un effort considérable, mais je me suis contentée de remuer les lèvres! À la fin de leur danse, j'aurais aimé leur dire « Bravo, c'était génial! Merci, merci! » Au lieu de cela, j'ai attendu de longues secondes de silence gêné pour que le fameux *Quelqu'un* donne enfin le clap. Alors seulement, j'ai pu, en harmonie avec le public tout entier, taper dans mes petites mains. Aux oubliettes, les deux index et les deux majeurs entre les dents pour vriller les oreilles de mes voisins. *Pfff.* Impossible même d'ouvrir la bouche pour un tout petit *ouèèè*. Quelle frustration!

Pour clôturer ce gala, il y eut le bouquet final coréen. Ils sont arrivés par dizaines, des enfants et des adultes, de tous côtés, au son d'une musique toujours aussi grandiose et toujours aussi militaire. C'était incroyable. Ils se croisaient, se décroisaient, sautaient à l'unisson, se figeaient en T sur une jambe ou faisant une toupie, accroupis. Encore une fois, belle harmonie ! Sur le chemin du retour, dans le bus, nous avons bien été obligés d'admettre, nous les impérialistes, que Chol avait raison : la force et la beauté viennent du groupe.

Toujours pour célébrer ce 70e anniversaire, nous avons été invités à visiter une exposition de kimjongilias. La kimjongilia est une grosse fleur rouge que le Grand Leader a lui-même créée. Il y a à Pyongyang un espace dédié pour l'occasion à cette fleur, le temple de la kimjongilia en quelque sorte. De la même manière qu'en France nous faisons fleurir le muguet pour le 1er Mai, en Corée, ils font fleurir la kimjongilia pour le 16 février.
Cinq cents mètres avant d'atteindre le bâtiment, nous voyions déjà sur le bord de la route des milliers de soldats, hommes et femmes, bien alignés, encore et toujours bien alignés, qui avançaient d'un bon pas vers le même endroit que nous. Ah quel dommage que nous n'ayons pas le droit de les prendre en photo ! Quel dommage ! L'exposition en elle-même n'avait pas grand-chose d'extraordinaire, si ce n'est le travail que toute cette mise en scène représente. Il y avait un monde incroyable, autant que le samedi du Salon de l'agriculture Porte de Versailles, si bien qu'on piétinait les uns derrière les autres suivant un itinéraire balisé. Une jolie Coréenne en robe

rose traditionnelle nous a fait le guide tandis que Chol nous traduisait toutes ses jolies histoires. Les kimjongilia étaient disposées tantôt en forme de péninsule coréenne avec Pyongyang comme seule et unique capitale, tantôt en forêt autour du fameux missile qui devrait décoller deux mois plus tard. Les portraits géants du Grand Leader souriant foisonnaient de tous bords, les remerciements des pays amis étaient symbolisés par des plaques en métal entourés de petites fontaines... Les visiteurs de cette exposition avaient l'air ravis. J'ai pu remarquer une légère hostilité à notre endroit de la part de certains d'entre eux. Il faut dire que mon Quentin les dépasse tous de trente bons centimètres et quand l'espace est réduit, on observe toujours un agacement des petits envers les plus grands. Enfin, pour cette fois-ci, j'ai plutôt mis ça sur le compte de l'ignorance. Bon finalement, il n'y avait pas de quoi se relever la nuit, on a fait le tour de la « foire » en trois quarts d'heure comme dirait Coluche, oui c'est beau, on s'casse ?!

Et puis, Quentin a eu droit à une invitation supplémentaire encore pour ce 70e anniversaire. Avant de partir, tu ne sais jamais vraiment en quoi vont consister les quatre heures qui suivent, c'est bien les surprises dans la vie ! Pour cette sortie-là, il était question de se recueillir sur la dépouille du Grand Leader. Après avoir avalé un café *rapido* et s'être lâché cinq minutes sur la chanson de *Rage Against the Machine* qui dit « *Fuck you I won't do what you tell me* », il est donc parti en costard-cravate rejoindre son unité. J'aurais bien aimé me joindre au cortège, je n'ai jamais vu de mort. Que Kim Jong-il fût le premier mort que j'aie vu de ma

vie eût été retentissant ! Mais bon, je n'y ai pas été autorisée... Du coup, Maxime et Colin sont en train de regarder *Shrek* en DVD pendant que j'écris ces quelques lignes.
Nous n'avons toujours pas récupéré Internet à la maison, c'est un peu handicapant pour la *desperate housewife* que je suis. Je prends mon mal en patience, de toute façon, ai-je le choix ? Quand ça ne marche pas non plus au bureau, je squatte chez les uns ou les autres, je ne sors plus sans ma clef USB, prête à dégainer n'importe où. C'est comme ça que j'ai pu vérifier qu'il existe deux réseaux Internet différents pour les étrangers : celui des humanitaires, qui est le réseau chinois c'est-à-dire qu'il marche à deux à l'heure et ne permet pas l'accès à YouTube, Facebook, blogs personnels ou autres trucs modernes et pratiques. À la différence de celui des Nations Unies et ambassades, qui est un réseau, disons, normal. Comme quoi dans la vie, on n'est jamais tous égaux !

« It's begonia »
DOS GARDENIAS_Ibrahim Ferrer

Sarah fit lire à Quentin le message qu'elle venait d'envoyer sur les festivités de ces derniers jours. Et il repensa à cet Européen en costume coréen et pin's. Ils étaient quelques-uns de par le monde à appartenir au Comité international de soutien à Kim Jong-il et à avoir embrassé la doctrine Juche, comme en témoignaient les différentes plaques vissées dans le vestibule de la tour du Juche. La doctrine du Juche consiste, pour faire court, à un stalinisme prônant l'autosuffisance alimentaire et intégrant en plus de la faucille et du marteau, le pinceau de l'intellectuel. Dans la tour, on pouvait constater que ce dogme avait fait des émules d'Hassi Messaoud en Algérie à la ville de Montreuil.

Mais d'où provenait donc cet homme de type européen ? Était-il Russe, Finlandais ? Quelle était sa vie dans son pays ? Il semblait vivre une consécration. Invité à Pyongyang, exhibé comme une sommité.

« C'est sûr, le gars, à Helsinki, il se fait charrier depuis des années avec des *Ju-quoi ?* et autant de railleries anticommunistes », rigola Quentin.

Mais aujourd'hui là, non, personne ne se moque. C'est lui, le *boss*. C'est sûr, avec quelqu'un comme ça, tu ne risques pas d'avoir un dérapage comme avec Ondrej.

« Le truc sur la kimjongilia, qu'est-ce qu'il a dit déjà Ondrej ?

– Les gars l'ont emmené à plusieurs cérémonies, en lui présentant, apparemment pour la cinquième année consécutive, les fleurs réalisées en hommage à nos deux Chers Leaders *blabla*, et lui, il les regarde sans émotion et leur dit avec son gros accent de polonais « *Come on, it's begonia !* »

– En plus, *bégonia*, c'est vraiment ce qu'on peut trouver de moins classe comme nom de fleur.

– Ou alors *renoncule*. Mais tu sais, c'est ce même Ondrej qui avait écrit dans le livre d'or des cérémonies pendant le deuil : tous les hommes sont égaux devant la mort.

– Ils doivent vraiment avoir besoin de lui pour ne pas l'avoir viré du pays ! »

Cher journal,

J'ai eu la chance, ce soir, d'aller dîner avec les patineurs qui m'ont fait vibrer avec *Dirty Dancing* le matin même. Du coup, j'ai pu leur dire les « Merci d'être venus ici ! » et autres « Comment vous sentez-vous ? » que je n'ai pas pu leur hurler depuis mon strapontin. Nous avons rempli une grande table à la pizzeria qui est le long du Taedong. Je l'aime bien cet endroit. À l'entrée, comme partout, il y a une grosse couette qui pend juste derrière la porte, pour l'isolation et à l'intérieur, on retrouve cette ambiance si particulière où la lumière est aussi faible que les sourires des *dongmus* sont accueillants. Les *dongmus* portent toujours des uniformes kitsch à souhait avec nœuds-nœuds roses dans les cheveux et nœuds-nœuds roses autour du cou. De l'extérieur, comme c'est le cas pour la majorité des restaurants de la ville, il est impossible de savoir qu'on sert de la nourriture pour de l'argent dans ce bâtiment. Au rez-de-chaussée, une salle sur la gauche est destinée aux karaokés. En face, sous la télévision à l'image enneigée, on distingue une sorte de bar décoré de peluches de couleurs. Deux *dongmus* à l'air las y vendent des petits gâteaux et des cigarettes. Au pied de l'escalier, il y a une fontaine vide. Au premier étage, il y a un magasin de vêtements sans lumière. J'y ai déjà jeté un œil, mais les prix sont prohibitifs. C'est au premier aussi que l'on trouve la caisse de tout l'établissement. Enfin, il faut grimper encore une vingtaine de marches inégales pour atteindre LA fameuse pizzeria. De jour, l'endroit est très clair, c'est assez rare pour être remarqué. Les enfants aiment bien aussi ce res-

taurant d'abord parce qu'on y mange pas trop épicé et que les *dongmus* sont très gentilles avec eux, mais aussi parce qu'il y a un aquarium avec des poissons qui ont le cerveau dehors ! Ça les occupe bien pendant que papa et maman prennent leur café (parce que le café y est très bon, c'est aussi assez rare pour être remarqué). J'ai demandé un jour où ils avaient acheté leurs poissons, j'avais dans l'idée de m'en procurer pour nous faire une activité à la maison, mais visiblement ma question, ce jour-là était trop intrusive. J'ai vu aux jolies mains qui s'agitaient à plat face à moi et aux sourires désolés, que ce n'était pas la peine d'insister, non, je ne saurai, pas d'où viennent ces poissons aux cerveaux dehors… tant pis, je chercherai d'autres pistes.
Enfin ce soir, je ne leur ai pas parlé de leurs poissons, j'ai juste savouré ma *primavera* en compagnie de patineurs artistiques, sportifs de haut niveau, que je n'aurais jamais pu rencontrer dans un autre contexte. Nous avons bien mangé, bu du mauvais vin de pizzeria et ri de bon coeur.

Pour la petite histoire, Quentin n'a pas été sur la dépouille du Grand Leader, en fait ils se sont pelés le derrière pendant trois heures pour assister à un défilé militaire. C'était une surprise, on ne leur avait pas dit, c'est plus rigolo comme ça ! « *Fuck you, I won't do what you tell me…* »

Les semelles les plus fines du monde

DESDE ABAJO_Polo Montañez

« Alors, pour nous dire *gna gna* soyez prudents, ne riez pas à Noël, ne sortez pas trop, soyez prudents en voiture, vous êtes là, mais pour juste nous prévenir qu'on va se geler dehors comme des *Mister Freeze*, là ya plus personne !

– Mais, Monsieur Quentin…

– Ya pas de Monsieur Quentin ! J'ai cru mourir sur cette place. Vous avez vu l'épaisseur de mes semelles !?

– Je ne savais pas, Monsieur Quentin.

– Le pire, se dit Quentin en lui-même, c'est que c'était sans doute vrai ! »

La veille au soir, toutes les organisations internationales furent appelées à dix heures du soir en plein dîner, conviées à un rassemblement pour fêter l'anniversaire de Kim Jong-il. Le rendez-vous était fixé au palais des Commémorations, donc à l'intérieur.

« Huit heures du matin ? Mais c'est dimanche ! »

Après avoir tenté de s'arranger avec d'autres expatriés pour garder les enfants afin de permettre à Sarah de venir également, en vain, Quentin s'apprêtait à rendre visite une seconde fois à Kim Jong-il dans son cercueil.

À huit heures pile, on tapa à la porte de l'appartement. Chol. Ce fait était assez rare pour mettre la puce à l'oreille de Quentin. Il avait déjà enfilé son costard et son menton glabre.

« Bonjour, Chol, tu veux un café ? »

Quentin lui proposa aussi du chocolat et petits gâteaux pour accompagner son café.

« Le rendez-vous est reporté à onze heures !

– Onze heures ? Je me suis levé à sept heures !

– Moi, à cinq et demi. J'ai été prévenu dans la voiture alors que nous arrivions au compound.

– Bon, d'accord. »

Après le café, Chol laissa Quentin profiter d'une paire d'heures en famille.

En se considérant en costume dans le miroir, Quentin se remémora, non sans une petite boule au fond du ventre, les sombres heures du deuil. Avant de remettre sa cravate prénouée, il mit *Rage Against the Machine* et dansa quelques secondes en costume avec sa cravate en suspension dans les airs. Il embrassa femme et enfants et partit dans le froid glacial.

Trois heures à regarder passer des militaires, des tanks, des porte-missiles et d'autres véhicules de type létal. Des régiments entiers de femmes militaires, en uniformes cintrés, défilèrent. Ces femmes-là, pensa Quentin, n'étaient pas forcément l'avenir de l'homme, quand leur cri retentit, puissant comme une déflagration au moment de leur passage devant la tribune officielle. Quentin, déjà peu porté sur le martial, tapait ses semelles sur le béton pour tenter de ne pas perdre le contact avec ses orteils. Il regrettait amèrement sous-vêtements et collants, tant il était entièrement saisi par le froid. À ce stade, la seule chose qui lui avait permis de ne pas partir en courant était… la trouille, peut-être ?

« Monsieur Ri, si vous me refaites un coup comme ça, je prends mes cliques et mes claques. C'est un manque de respect caractérisé !

– Excusez-moi, Monsieur Quentin », lui dit Ri, l'air sincèrement désolé, en lui mettant la main sur son épaule.

Ce geste, très rare, calma Quentin, car il y avait dans cet échange une bonne dose d'humanité.

Cher journal,

Il est neuf heures du matin, Colin dort encore, Maxime est installé avec une couette sur le canapé du salon, il lit un *Lucky Luke.* Moi, je suis en pyjama, je viens de prendre un thé de Chine et je vois enfin le jour par la fenêtre. Le thermomètre indique -19°C, c'est un jour froid et brouillardeux.

J'ai du mal à me mettre en route, je manque de motivation. Je crois que Colin manque aussi de motivation et que c'est pour cela qu'il dort encore. Il faut dire que ses journées ne sont pas palpitantes. Depuis que nous avons décidé de ne plus aller à *Poudlard*, le temps passe lentement et l'ennui grandit.

Ce matin, comme chaque matin, quand j'aurai fini mon petit déjeuner, nous ferons un peu d'école avec Maxime. C'est un des moments de la journée que je préfère, parce que je sais quoi faire! Malheureusement, pendant ce temps-là, c'est Colin qui ne sait pas. Alors souvent, il reste assis dans sa chambre, les fesses par terre et les jambes repliées comme une grenouille et joue aux Lego. Tout seul.

À l'heure de la « pause-récré », je leur demanderai de s'habiller et je sais d'avance qu'ils râleront parce que s'habiller est toujours une contrainte. Surtout quand on doit prévoir des couches multiples, au cas où l'on sorte. Et sortir, oui, il le faut. Parce que je ne suis pas venue habiter dans ce pays pour rester cloîtrée dans mon appartement, aussi grand soit-il. Moi, dehors, j'adore ! Mis à part le fait qu'on se pèle de froid, tout le reste est une ivresse, je ne dirais pas un émerveillement mais une hallucination, une découverte, une exploration !

Aller acheter des pâtes par exemple, c'est le pied ! D'abord, il faut se souvenir dans quel magasin on va en trouver, ensuite il faut se souvenir du chemin pour y aller et enfin, il faut emprunter le *minibus Scoubidou* du projet et s'y rendre. Parce que Pyongyang, c'est grand. Et il n'y a ni fléchage, ni panneaux publicitaires pour nous conduire au bon endroit. Seul le bouche-à-oreille compte dans cette ville. Chaque expatrié a d'ailleurs le devoir, envers les nouveaux arrivants, de leur faire part de tous ses petits tuyaux, ses bons plans, ses bonnes adresses... Nous avions même pensé un moment écrire à plusieurs une sorte de *Petit Futé* de Pyongyang. Mais devant l'ampleur de la tâche, nous avons petit à petit abandonné l'idée.

Les pâtes, elles, sont au Kaesong. C'est aussi là qu'on trouve du pain et des brioches qui sortent des fours, qu'on peut faire imprimer des photos et faire faire des travaux de couture. Il y a beaucoup d'autres choses à vendre au Kaesong, mais disons qu'en ce qui nous concerne, on se limite à cela. C'est vrai que nous n'avons jamais eu besoin encore d'acheter une cabine de douche à jets latéraux, ni de canapé *king size*, ni même de peluches grandes comme des hommes. Au Kaesong, j'ai ri la première fois que j'y suis allée. Le bâtiment est grand comme le BHV avec des marches en marbre façon Cannes, pour atteindre l'entrée. D'un premier coup d'oeil, comme toujours, on pense que c'est fermé parce qu'il n'y a pas de lumière à l'intérieur, mais non non, c'est bien ouvert ! En m'approchant de l'immense porte automatique, coulissante, j'avais été surprise quand même de voir qu'elle ne s'ouvrait pas. Telle une bête poule qui ne comprend rien à rien, j'ai reculé de quelques pas, pensant n'avoir pas coupé le faisceau. Une dame derrière moi m'a bousculée en me regardant de travers et m'est passée devant. En levant les yeux au ciel de me voir si godiche, elle a glissé ses deux mains dans l'étroite fente du milieu de la porte et a écarté les deux battants de toute sa force. Hé oui ! Telle une poule que ne sait pas se servir d'un couteau, je ne savais pas me servir d'une porte coulissante privée d'électricité !

Sauf que contrairement à une poule, la fois suivante, j'avais compris le message !

Pour les enfants, les sorties dans la ville sont largement moins hypnotiques que pour moi. Pendant les trajets, comme si nous allions faire des courses au supermarché en France, Maxime ne décolle pas son nez de sa BD, et Colin mime des batailles bruyantes entre quelque *Gormiti*, peuple des ténèbres et son ennemi, *le Bakugan,* force des étoiles.
« Ho ! regardez les gars, là, tous ces enfants habillés pareil qui marchent sur le trottoir.
– ...
– Et là ! Vous entendez l'air d'opéra qui vient des hauts-parleurs sur le toit de la camionnette.

– *Pshion ! Shion ! Tchaaaak !* Cette fois, tu ne m'auras pas Obscurio !
– (soupir) Ok, laissez tomber. »

Arrivés à destination, ils troquent leur désintérêt contre de l'appréhension. Parce que, non contents d'être typés comme de vrais Européens, mes enfants sont pour l'un, blond comme les blés et pour l'autre, tout chevelu, marquant de manière définitive leur différence. Ils savent bien qu'une fois en dehors du *minibus de Scoubidou* ils vont devoir esquiver maintes mains baladeuses dans leurs cheveux d'anges ainsi que de multiples cris de surprise à leur endroit. Je comprends bien qu'à 4 et 7 ans devenir systématiquement un objet de curiosité à ce point, ne soit pas une situation agréable. Si je leur demandais leur avis, je crois qu'ils passeraient leur temps devant des dessins animés ou à faire du vélo en bas de l'immeuble. Tiens, des vélos... c'est une idée. Il faudra que j'y pense. Dans quel endroit vais-je bien pouvoir en trouver ? Une nouvelle mission s'offre à moi.

Mince. J'entends la porte d'entrée qui s'ouvre. C'est madame Park qui arrive. J'ai honte de n'avoir pas encore commencé ma journée. Elle va me trouver dans ma cuisine devant mon bol de thé froid alors qu'elle doit être debout depuis des heures, au cœur de sa réalité coréenne. Cette incursion me suffira pour qu'aujourd'hui, je trouve moi aussi l'énergie de ne pas me lamenter sur mon sort.

« La Corée ? C'est nul. »
TANGLED UP IN BLUE_Bob Dylan

Un midi où il se dépêchait de rentrer à l'appartement afin d'aider Sarah à entrecouper une journée qu'elle avait qualifiée de longue, très très longue, car sans perspective particulière, Quentin trouva les siens bien mornes. Colin avait des cernes sous les yeux et était assis sur le rebord de la fenêtre, les yeux dans le vide. Maxime boudait dans un coin, les genoux sous les joues.

« Je n'ai pas réussi à lui faire écrire deux lignes ce matin, regarde ça ! », s'écria Sarah quand elle le vit arriver.

Quentin garda pour lui ses problèmes de fournisseurs et de rapport à envoyer au bailleur et prit le cahier de son fils. Cinq mots y étaient inscrits : « Marcel n'a pas d'amis », ce qui lui assécha la bouche instantanément.

« C'est une dictée ?

– Non, une histoire qu'il doit inventer.

– Alors, Maxime, pourquoi tu n'as rien écrit d'autre ?

– Parce qu'il n'y a rien d'autre à dire.

– Quand même, si. Tu as la chance d'être dans un endroit où personne ne peut aller.

– Super, justement, ya personne. »

Sur ce, Colin arriva, en larmes.

« On n'aurait pas dû venir, Papa. La Corée, c'est nul !

– Mais enfin, mon Colin, il faut pas dire ça. Il y a plein de choses bien ici, non ?

– Ils me manquent, mes copains. Et il y a pas de magasins de magazines ! »

Après avoir mangé avec une désagréable boule dans le ventre, Quentin se leva.

« Bon, j'y vais.

– Déjà ?

– Ben oui, j'ai du boulot. J'ai des problèmes de fournisseur et...

– Et moi, tu crois que c'est pas du boulot de trouver des activités aux enfants ! Ils s'ennuient, tu peux pas savoir !

– Je sais bien, mais tu sais, je ne peux pas partir comme ça du bureau. Tous déjeunent sur place, je suis le seul à prendre ce temps pour venir déjeuner avec vous...

– C'est trop d'honneur, Môssieur le chef de projet. Excuse-nous d'être là, au passage...

– Sarah, arrête, c'est bon, tu ne vas pas me faire culpabiliser !

– Non, non, ne culpabilise pas, là ! Ta petite femme t'attend avec tes enfants, pour quand tu rentreras.

– Bon, ben, ça va aussi. Déjà je rentre vite vite, pour faire à manger...

– Parce qu'en plus tu voudrais que je te prépare des petits plats ?

– J'ai pas dit ça. Je dis juste que je fais ce que je peux pour...

– Pour quoi ? Tu vois pas qu'on ne sait pas quoi faire ici ?

– Toi aussi, tu voulais venir, je te signale !

– Tu m'avais dit *pas de problème, il y aura du boulot pour toi, les enfants iront à l'école.* Résultat : je suis bloquée toute la journée avec deux enfants déprimés qui ne veulent rien faire.

– Bon, écoute, je comprends ça, mais là, faut que j'aille bosser. On en reparle ce soir.

– C'est ça, va bosser, toi ! La Corée a besoin de toi.

– Oh, tu m'emmerdes à la fin !

– Non c'est toi, Monsieur le chef de projet, qui as des choses bien plus importantes à faire que passer un peu de temps avec ta famille !

– Oui et je suis là !

– Quel honneur de nous faire bénéficier de ta présence lumineuse ! »

Quentin n'avait pas entendu les derniers mots de Sarah, car il avait claqué la porte. Il pensa :

« Déjà que les Coréens me frisottent l'aorte avec leurs exigences, leurs contraintes et leurs interdits. Je viens passer un peu de bon temps en famille et voilà que je ressors avec un nœud de vingt kilos sur le ventre ! »

Peu après, le père de famille alla voir Yuri :

« Tu sais, je crois qu'il est nécessaire de faire ce voyage pour rencontrer les fournisseurs à Dandong. »

C'est possible

A LONG TRAIN RUNING_The Doobie Brothers

« Papa, c'est comme le TGV, le train en Corée ?

– Presque, mon grand. En tout cas, c'est sûr, celui-là, aucun de tes copains ne l'a pris. Et puis (plus doucement pour que son traducteur n'entende pas) il est un peu moins rapide. »

Sortant de la voiture, les deux parents étaient excités comme des puces, heureux de changer d'air.

« *Iiiiiihaaaaaaaaaa !* Le train Pyongyang-Dandong ! Mythique, mon amour ! À nous la Chine !

– C'est le *road sixty six* du 21e siècle ! »

À la gare de Pyongyang, l'ambiance était agitée, l'atmosphère fleurait les grands départs. Chol avait tenu à accompagner la famille jusque sur le quai, et au milieu de l'agitation, ils se prirent en photo tous les cinq devant le train. La famille s'était installée dans son compartiment et tous faisaient des signes à Chol, qui lui n'était jamais sorti du pays. Les enfants étaient déjà étendus sur les couchettes du dessus. Un couple de trentenaires avec une fille de six ans, pénétrèrent à leur tour dans le wagon et saluèrent très cordialement.

« Parlez-vous anglais ? », demanda Quentin innocemment.

Ils lui présentèrent à l'unisson un grand sourire en agitant leur main droite comme pour dire *au revoir*, pour lui signifier qu'il perdait son temps en posant des questions.

Une heure après le départ, alors que l'activité principale résidait dans la contemplation des paysages mornes de terre brûlée par le froid, les enfants commençaient déjà à s'ennuyer. Leur père leur proposa un dessin animé américain. Voyant que la petite fille regardait avec envie ses fils, Sarah fit signe à ses parents qu'elle pouvait aller voir le dessin animé avec eux, ce qu'ils acceptèrent de manière surprenante. Quelques minutes plus tard, le compartiment se remplit des rires de trois enfants.

Les vitres du train semblaient peintes, tant le paysage variait peu. Pourtant, Sarah et Quentin n'en perdirent pas une miette, se laissant envahir par ces images. Parfois, un pont, avec un homme qui avait posé son vélo sur la rambarde se tenait là, venant on ne sait d'où et attendant on ne sait quoi. Parfois, au loin, des hameaux, avec leurs maisons bien alignées et identiques. Des camions à charbon, des chars à bœufs, des femmes à vélos, des hommes en uniforme, de même, transportant des centaines de kilos. Paysages campagnards de Corée.

Et puis, des plantations d'arbres le long de la voie.

« Tu crois que c'est pour cacher le paysage ? » demanda Sarah.

Quentin ne répondit pas, hypnotisé par le rythme du train et par ces collines sans arbre.

L'heure du déjeuner approchant, ils se rendirent dans un wagon-restaurant rempli de Coréens. Ils constatèrent par une petite pancarte qu'il n'était pas encore l'heure de manger pour les étrangers.

« Alabama 1953, dit Quentin, un léger air de dégoût sur les lèvres. On y va, non ? Moi, je n'ai pas du tout envie de jouer le jeu de la ségrégation. »

Les Coréens sortant du restaurant étaient presque obligés de les toucher, étant donnée l'étroitesse des couloirs. Ils évitaient soigneusement le regard des jeunes Français. Certains sentaient fort l'eau-de-vie et le tabac et leur carnation virait au rouge vif sous l'effet de l'alcool. L'un d'entre eux avait un mal fou à ne pas se cogner d'une épaule à l'autre dans le couloir du train.

« C'est trop bon ! fit Sarah, ses baguettes devant les yeux, ayant saisi une galette de légumes.

– Ouais, c'est de loin le meilleur repas que j'ai pris dans un train ! Notre Société nationale des chemins de fer pourrait s'en inspirer, avec ses menus bistrot misérables et hors de prix. »

En revanche, il leur fallut le temps de trois voyages Paris-Marseille pour couvrir les trois cents kilomètres les séparant de la frontière chinoise. Inutile d'incriminer la vétusté du matériel roulant, la moitié du temps fut consacré à l'immobilité : trois heures à la frontière côté Corée et une heure de plus côté chinois. L'ambiance y était beaucoup moins souriante qu'à l'aéroport. Les douaniers prirent les passeports de la famille et les sauf-conduits des Coréens, puis disparurent pendant au moins trois quarts d'heure. De retour, passeports à la main, ils firent sortir tout le monde des compartiments. En chaussettes dans les couloirs du train, les passagers étaient à la merci du regard suspicieux des douaniers. L'air se chargea d'une tension lourde propre aux pays occupés. L'un d'entre eux resta posté dans le couloir, non loin des Pirmil, pendant que ses collègues fouillaient les lieux. Chacun sentait qu'on examinait la moindre réaction.

La famille de Coréens qui voyageait avec eux se prêtait avec résignation et une certaine diplomatie à ce petit jeu. Les enfants français, en revanche, commençaient à avoir froid aux pieds et se mirent à protester.

« Maman, on n'a pas vu la fin du dessin animé. Là, c'est le moment où Sully, il ramène la petite fille de la porte.

– Et Maman, il est trop drôle, Bob, il a une tête trop marrante, surtout quand il fait comme ça, fit Maxime en mimant un être vert avec un œil énorme fronçant son sourcil.

– On peut aller voir la fin ? allez, *steup !* Papa !

– Les garçons, écoutez-moi ; je vous demande encore un peu de patience. Regardez, on est tous dans la même situation. Tout le monde est sorti du compartiment et attend que le monsieur de la police leur dise de retourner dedans.

– Mais on n'a rien volé !

– Papa, est-ce que les policers, ils vont nous arrêter ? »

Réprimant un frisson, Quentin répondit en riant :

« Mais non, ne vous inquiétez pas. Et puis, on n'a rien fait de mal, pas vrai ? »

À ce moment précis, le douanier qui tenait jusqu'à maintenant leurs passeports, s'approcha avec un air étrange. Se postant devant la famille, il fit un geste du menton pour inviter les enfants à regagner leurs places. Sarah, avec un clignement d'yeux maternel, leur chuchota de prendre gentiment un livre en attendant que tout le monde puisse se rasseoir. Maxime et Colin se jetèrent sur leur *Astérix* et le douanier demanda à Quentin, d'un ton frôlant l'injonction :

« *Camwa !*

– *Sorry ?* »

Agacé, il mima la prise de photo et Quentin lui tendit son appareil, que le douanier embarqua avec lui. Comme il le faisait régulièrement, Quentin avait préalablement transféré l'ensemble des photos sur son ordinateur, mais il y avait toujours ce léger doute : Ai-je vraiment tout effacé ? Est-ce qu'il ne reste pas des photos directement enregistrées dans la mémoire de l'appareil photo ? Peut-être ont-ils la technologie qui permet de lire les photos effacées ?

« Il reste longtemps, non ? » se risqua Sarah.

Quentin observait ses compagnons de compartiment, qui ne manifestaient pas la moindre trace d'inquiétude, alors que lui-même imaginait déjà une scène avec des pistolets, des cris, un paquet brandi devant des visages horrifiés. Rien de tout ceci n'eut lieu. Une fois les deux hommes à large képi sortis du compartiment, les Français restèrent dans le couloir. Un silence pesant s'était installé dans le wagon, entrecoupé du son des pages de bande dessinée qui se tournaient et d'une petite chanson que Colin aimait chanter quand il lisait tranquillement, ce qui fit sourire ses parents.

Puis en deux minutes, les douaniers revinrent, leur rendirent leurs affaires et leurs passeports et le train redémarra doucement. Quentin courut aux toilettes. Cinq minutes plus tard, ils avaient traversé le pont métallique qui enjambe le fleuve Yalu. Quentin revint et trouva Sarah énervée :

« On fait tout ce chemin et juste quand on est à l'endroit le plus important, tu te débrouilles pour aller aux toilettes.

– Eh oui, je suis comme Vincent dans *Pulp Fiction*, quand je vais aux toilettes, il se passe toujours quelque chose dans l'intrigue. C'était quoi ?

– Le pont en fer ! La limite entre la Corée du Nord et le reste du monde. »

Le convoi s'arrêta à nouveau. D'autres douaniers, avec d'autres uniformes, mais assortis du même regard dur, entrèrent dans le compartiment. Colin leva les yeux de son *Ragnarok* :

« Ah, c'est encore les policiers ? »

Cette fois, la famille put rester dans le compartiment, mais le temps d'attente fut plus ou moins aussi long que du côté coréen.

« Ça, c'est de la frontière !

– Oui, dit Sarah, ce n'est pas de la p'tite frontière de minet, ça, Madame ! Les Américains n'ont qu'à bien se tenir ! »

Best coffee on the border

UNDER THE BRIDGE_Red Hot Chili Peppers

À peine sortis de la gare, des buildings, des voitures, une animation hors du commun s'offrirent à eux. De la vie, outrancière, débordait des cris d'enfants, des interjections, des marchands hurlant et des joueurs de jeu de go ; ce n'était que fouillis accueillant, gens hurlant, râlant. Des ordures s'amoncelaient au coin des ruelles, les mobylettes non catalysées crachaient leur fumée noire sur les étals de fruits, présents partout.

« Ah, mais quel joyeux bordel !

– C'est bon de voir ça. Il y a de la vie, c'est bon ! »

Les Chinois, maussades et pressés, les considéraient sans curiosité ni sourire.

« S'ils savaient comme on se ressemble, en fait ! Quand des Coréens arrivent ici, ils doivent être plus dépaysés que nous ! Des banques, des commerces avec des étals blindés, des bagnoles de partout, du business, du bruit, des rassemblements de personnes qui ne font pas de chorégraphie ! »

Ils rejoignirent leur hôtel. Sur le tableau des prix, le tarif à l'heure n'avait été que récemment effacé, témoin de l'activité pour le moins frontalière de l'endroit. Puis ce fut l'Eldorado ! Un bar canadien, avec l'ardoise marquée en craie de couleur par des caractères pleinement anglosaxons, annonçant des pots de cafés internationaux, des ham...

« Des hamburgers, les gars, on va manger des hamburgers ce midi !!!

– Ouais ! » firent en chœur Colin, Maxime et Sarah.

Installés dans des fauteuils en cuir usés, ils auraient pu se trouver à Brooklyn comme à Sydney.

« Et vive l'impérialisme ! » fit Quentin, les doigts plein d'huile de frites.

Les enfants sourirent avec une feuille de salade coincée entre les dents, tandis que Sarah contemplait, émue, une carte du monde avec des petites punaises de couleurs plantées sur les endroits d'où étaient issus les visiteurs du *Peter's Café, best coffee on the border*. Par les baies vitrées, on voyait le pont en fer, devenu de ce côté de la frontière une attraction touristique. Au pied du pont, des camelots proposaient des pièces et des billets venus de Corée du Nord, des tanks construits en douilles de fusil et des cartes à jouer avec des Coréennes dénudées. Des bateaux proposaient des croisières le long des rives et amenaient des touristes chinois dans un univers parallèle, à la fois proche et tellement différent ! Mais la Corée leur semblait loin à présent, attablés devant un *cheesecake* parfaitement écœurant.

« J'ai envie de pleurer. J'aime les Américains ! J'ai envie d'embrasser un obèse ! dit Quentin, quelque peu emporté par l'enthousiasme.

– J'y passerais bien les quatre jours en entier, dans ce café, dit Sarah. On refait une partie de mikado, les enfants ?

– Ouais ! fit Quentin. Et un litre de café en plus. On essaye le *Blue mountain* jamaïcain ? Il vaut une véritable fortune ! C'est génial !

– Papa, je peux reprendre un brownie ?

– Tu n'étais pas écœuré, il y a deux minutes à peine ? Allez, vas-y, reprends-en un. Et après, centre commercial ! On va se gaver ! » fit le Français, en pleine fascination de l'*american way of life.*

Une heure plus tard, gavé de sucre, de protéines et de gras, Quentin poussait un caddie rempli d'un monceau de consommables, qu'il considérait avec une vague tristesse et une vague nausée :

« Tu vois à quelles extrémités ils me poussent quand même, dans ce pays ? Me voilà transformé en Homer Simpson, en quelques mois. »

Les enfants étaient en train de contempler les hélicoptères télécommandés d'un air hagard. Sarah dégota des trottinettes avec lesquelles les enfants parcoururent des kilomètres en quelques jours. Ils passèrent plusieurs heures par jour au Peter's café, lieu vénéré entre tous.

Au fil des jours et des hamburgers, le menton de Quentin se décontracta, la tension disparaissait de ses épaules. Et puis, il fut temps pour eux de rentrer.

No place like home

AU SUIVANT_Jacques Brel

Le douanier avait la tête de la chanson de Brel « *cette voix qui sentait l'ail et le mauvais alcool, c'est la voix des nations, et c'est la voix du sang* ». Côté chinois, Jenny Liu, une des fournisseurs de Quentin, les avait aidés avec le dédouanement de leurs achats. Distribuant quelques billets aux bons endroits, elle aida la famille à traverser sans encombre les douanes chinoises. Un minibus, loué avec chauffeur à un prix extravagant, leur permit de faire le saut de puce de huit cents mètres, sans doute le meilleur rendement pécuniaire au kilomètre parcouru. Chol et le chauffeur Kim-*Rivers*, avec son kilo de gel réglementaire dans les cheveux, les attendaient à Sinuiju. Chol semblait content de les revoir et, fait rare, tout à la fois un peu perdu. Il n'était pas impossible qu'il ne fut jamais venu jusqu'à cette frontière. Il s'approcha d'un comptoir et se fit hurler dessus. Le rouge au front, il conduisit la famille dans diverses files, qui étonnamment, ne se révélaient jamais être les bonnes. Trois changements de file plus tard, Chol commençait à être passablement énervé. Il alla voir le douanier qui était au bout de la file et se fit à nouveau ouvertement hurler dessus. C'était très gênant, Quentin bouillait pour lui et il lui prit discrètement la manche :

« Laisse tomber, Chol, on va attendre. Tu sais, tous les douaniers du monde sont pareils, lui dit-il pour atténuer la gêne de son traducteur. Ils utilisent tous ce pouvoir qu'ils ont de t'emmerder. Quand on est con…

– On est con. Magnifique spécimen », chuchota le Coréen en souriant.

Quentin sourit également. Sarah, désolée, dit également quelques mots gentils à Chol. Même les enfants semblaient comprendre qu'il vivait un moment pas facile, car Maxime lui raconta qu'ils avaient mangé plein de hamburgers et Colin lui dit que Dandong, c'était carrément mieux que la Corée, parce qu'il y avait des magasins, avec des Pokémons et des trottinettes.

L'ambiance était électrique dans le poste de douane. Les sacs et les cartons étaient ouverts et fouillés de fond en comble. Ils étaient les seuls Occidentaux et cette fois-ci, le traitement de faveur fut inverse. Ils restèrent les derniers dans la zone de transit.

Chol tenta de se renseigner à nouveau et se fit à nouveau hurler dessus par le douanier. Quentin, impuissant, glissa à Sarah :

« Je jure que si je le revois en enfer celui-là, je lui fais manger des spaghettis brûlants par le nez, à cette moisissure de chou. »

Comme pour le remercier de ces mots délicats, le douanier leur fit signe d'ouvrir leurs paquets, un par un. Il y avait là l'équivalent d'un minibus en matériel agricole, trottinettes, nourriture capitaliste et équipements électroménagers commandés par des expatriés, impuissants à trouver un grille-pain à Pyongyang. Les douaniers avaient confisqué l'appareil photo de Sarah. Elle le récupéra avec tout écrit en coréen, preuve qu'ils avaient les moyens de fouiller l'appareil de fond en comble. Puis ils demandèrent l'ordinateur de Quentin, qui immédiatement fit l'inventaire mental de ses fichiers avec frayeur.

Il fut contraint d'écrire son mot de passe pour laisser aux douaniers la possibilité de fouiller intégralement le disque dur de la machine. Quentin n'en menait pas large, mais remerciait intérieurement qui de droit, d'avoir eu le réflexe de prendre son ordinateur professionnel plutôt que son personnel, truffé de photos, de films pris à la dérobée, de chansons et de messages Internet compromettants.

Les autres voyageurs avaient depuis longtemps quitté la zone quand ils eurent enfin remballé leurs bagages. De mauvaise grâce, les douaniers leur firent signe de décamper, alors que la moitié des paquets étaient encore ouverts et furent empilés tels quels dans le coffre. Trop chargés pour faire le voyage en 4x4, c'est le vieux minibus qui les bringuebala jusqu'à Pyongyang sur une piste totalement défoncée. Seule Sarah semblait contente de retrouver le vétuste véhicule. Les paysages, qu'ils avait quittés complètement pelés et ocres, commençaient à verdir. La route, fascinante, défilait devant leurs yeux avec son cortège de personnes courageuses rentrant ou transportant des marchandises par n'importe quel moyen, des sacs de centaines de kilos en équilibre sur une bicyclette. Une femme entre deux âges laissa échapper son vélo, qui tomba à la renverse dans le fossé. Sans un regard, le chauffeur continua sa route. Sarah et Quentin regardèrent la pauvre dame, qui n'avait l'air ni triste ni en colère. C'est la résignation affichée sur son visage qui serra la gorge de Quentin.

Neuf heures plus tard, les Français endoloris pénétrèrent dans Pyongyang au crépuscule. La ville avait changé. Les réminiscences de la nature s'y étaient éveillées, comme après une longue nuit au cachot. Il y faisait bon, et ça sentait le printemps.

Chapitre 4

Trottinettes et chorégraphies militaires

SOLDIER_Eminem

Puis déboula le printemps

HERE COMES THE SUN_The Beatles

Un jour, la neige fondit, le soleil chauffa, puis chauffa encore. Les jours s'allongèrent. Les arbres décharnés bourgeonnèrent, puis fleurirent. Les terres arides et ocres se couvrirent progressivement de vert, d'abord en fin duvet, puis luxuriant. En l'espace de quinze jours, le pays était passé de l'hiver sibérien stérile au printemps fertile. La famille Pirmil, heureuse de voir la ville s'épanouir telle une fleur, partit parader avec les toutes nouvelles trottinettes sur les gigantesques esplanades de la cité.

« C'est l'intérêt des grandes places dans les pays communistes, ça fait plein de place pour faire du patin ou de la trottinette », dit Sarah, en tirant avec satisfaction une bouffée de sa cigarette.

Des groupes d'enfants souriants venaient les voir et tentaient de communiquer. Les femmes en costume traditionnel, accompagnées de leur futur mari, se faisaient prendre en photo, suivies par quelques membres de la famille. La tradition voulait qu'ils aillent aussi déposer, parfois de manière groupée, une gerbe de fleurs devant la figure souriante de leur grand-père à tous. En face de la patinoire, des buvettes de toutes sortes s'étaient dressées et donnaient à l'esplanade naguère austère, un air de décontraction. Des stands avaient fleuri sur place, des tables et des chaises avaient été disposées à destination des flâneurs. Sous les parasols, des camelots en uniforme proposaient de nombreuses gourmandises. Une atmosphère bon enfant faisait rêver à un éternel printemps et les parfums de fleurs et d'ail parfumaient l'air saturé de pollen. Il y avait là profusion de nourriture, raviolis, brioches, jus de fruits, glaces, bières évidemment.

De nombreuses familles faisaient la queue ou déambulaient entre les stands, puis choisissaient quelque nourriture et s'asseyaient sur des chaises en plastique. Pendant que Maxime et Colin trottinaient, à l'unisson des petits Coréens en patins à roulettes, leurs parents choisirent différents stands. Pour une somme modique, Quentin acheta des bières et des *Kim Bap*. Ces rouleaux de riz enveloppés dans des algues et garnis de légumes, contrairement à ce que l'on nous raconte en Occident, furent inventés en Corée et non au Japon.

Sarah et Quentin s'attablèrent avec plaisir. Observer toutes ces gentilles familles donna un tour inattendu à leur conversation :

« Parmi eux, tu penses qu'il y a des vrais méchants ? Style des gars qui ont agi pour faire du mal à d'autres ?

– Je sais pas, mais en Allemagne en 33, il y avait sans doute plein de gens sympas, drôles, raffinés…

– Si ce régime fait le mal, nous en sommes complices, non ?

– Ou alors on considère qu'on est là pour les gens, des gens qui, au quotidien, galèrent pas mal et ont besoin de savoir qu'ailleurs dans le monde, il n'y a pas que mépris et suspicion à leur égard.

– C'est vrai que le fait qu'on soit là, qu'on partage un peu leurs rues, de leur bouffe, qu'on apprécie certains trucs ici, ben... je sais pas, c'est un peu comme un message d'espoir, non ?

– Et puis les Allemands, c'est sans doute le peuple dont on est le plus proche, finalement...

– On est tous des putains d'humains, de toute façon, c'est tout. On a tous mal au bide, on aime nos gosses, on pisse et on meurt.

– Oui, mais ce qu'on fait entre les deux, c'est...

– Maman, Papa, avec la trottinette, on a fait la course avec un Coréen, là et je l'ai gagnée ! interrompit Maxime. Enfin la première fois, après c'est lui qui est passé devant, mais pas de beaucoup. Ah oui, au fait, ya Colin, il est tombé et il s'est fait mal. »

Cher journal,

J'ai brillamment réussi mon permis de conduire coréen, il y a quelques semaines. J'ai été accompagnée dans les faubourgs de Pyongyang par monsieur Kim-chauffeur et l'intrigante madame Yun. Comme le veut la tradition, j'ai fait le trajet seule à l'arrière de la Corolla Break pendant que monsieur Kim-chauffeur, Ray-Ban sur le nez et gomina dans les cheveux, fredonnait sur une musique insupportable. Madame Yun, elle, regardait silencieusement par la fenêtre avec cet air qui n'appartient qu'à elle, mi-éteint, mi-possédé.

Comme les autres avant moi, je suis allée tournicoter sur un petit circuit tout gelé un peu en dehors de la ville. On m'a posé quelques questions sur la gestuelle des fliquettes, les copains m'avaient rencardée, je m'en suis donc bien sortie.

C'est officiel, à partir de maintenant, je peux me déplacer librement dans Pyongyang. Li-bre-ment! J'ai à ma disposition un parc impressionnant de véhicules en tout genre. Les 4x4 Prado m'impressionnent particulièrement. Les enfants ne peuvent pas monter dedans sans aide, la marche est trop haute. Ces machins vous donnent un air systématique de supériorité, que vous le vouliez ou non. À vrai dire, les Prado et moi, on n'est pas trop copains. La Corolla Break est quant à elle une voiture normale, passe-partout, humble et discrète, mais pas souvent disponible. De toutes façons, mon préféré, c'est le minibus. J'aime le minibus!
J'aime sa porte coulissante et son allure de boîte à chaussures sur roues. Quand je suis avec lui, je me sens dans un épisode de *Scoubidou*, au milieu d'une grande aventure, héroïne d'une équipée fantastique dans laquelle nous allons, mes associés Maxime et Colin, et moi, dévoiler la véritable identité du vampire qui hante le parc d'attractions. Des minibus comme celui-là, il en circule des milliers dans Pyongyang. Je ne sais pas si tous les conducteurs ressentent la même chose que moi. J'aime le petit perroquet en bois qui pendouille au rétroviseur. J'aime le levier de vitesse tout fin de près d'un mètre de long. Mais surtout, et j'en suis presque honteuse, ce que j'aime dans ce minibus, c'est que son volant est à l'horizontale. Comment avouer ce plaisir que me procure un volant à l'horizontale? Les coudes bien haut sur les côtés, le torse bombé, le monde m'appartient quand je suis au volant de MON minibus.

Le jour où les femmes eurent le droit de faire du vélo à Pyongyang

À BICYCLETTE_Yves Montand

La température devenant plus clémente, Quentin et Chol avaient repris leur habitude de discuter du programme de la journée, voire de la semaine, sur la terrasse, en fumant une « cigarette de coordination ».

« Comment va ta mère, Chol ? Mieux ?

– Oh, tu sais, ça ne s'arrange pas trop, son diabète la fait souffrir. Je sais que moi aussi je vais mourir d'une crise cardiaque ou d'une attaque cérébrale, comme mon père.

– Arrête de raconter des bêtises. En tout cas, interdiction de mourir avant la fin du projet. C'est un ordre !

– On a fait de belles choses, dit Chol en riant. Tu sais, le Comité est content des avancées. Ils me demandent quand nous achèterons les pick-up. »

Quentin changea de sujet :

« Ah tiens ! J'ai vu que tu avais acheté un vélo ?

– Oui. Notre Maréchal a annoncé hier que nos sœurs pouvaient à nouveau piloter les bicyclettes. Du coup, j'ai trouvé ce vélo pour ma femme. Il est bien non ? Il a des vitesses et tout !

– Chouette bécane, effectivement, fit Quentin, avec un faux air de connaisseur. Elles avaient le droit en province, non ? Pourquoi pas à Pyongyang ?

– Il y a eu beaucoup d'accidents de la circulation qui ont été provoqués par des femmes à vélo et notre Cher Leader leur avait demandé de ne plus monter sur leurs engins.

– Elles sont trop belles, les femmes dans votre pays, c'est en les regardant que les hommes avaient des accidents, non ? blagua Quentin.

– On dit ici que les femmes sont belles au Nord, chez nous, et qu'au Sud, ce sont les hommes qui sont beaux.

– En somme, vous n'avez aucun intérêt à vous réunifier, ils vous piqueraient toutes vos femmes, les gars du Sud ! D'ailleurs, fit le Français innocemment, vos sœurs n'ont pas le droit à grand-chose, non ?

– Comment ça ? fit Chol, soudain sur la défensive.

– Les cigarettes.

– Oui, c'est parce que nous tenons à la santé de nos femmes, qui sont aussi les mères de nos enfants, dit Chol, en allumant sa troisième clope.

– L'alcool.

– Si, elles ont le droit de boire. Les plus âgées boivent pendant les fêtes.

– En comparaison avec ce que boivent les hommes, c'est pas grand-chose…

– Ce n'est pas beau, une femme saoule !

– Alors qu'un type saoul tout rouge en maillot de corps, c'est élégant !

– Ah, vraiment, tu es chiant, toi !

– Bon, on va bosser ? conclut Quentin. Il faut que tu rappelles le fournisseur qui a essayé de nous enfler sur le prix du béton, vu que moi j'ai pas le droit de traiter directement avec lui. Ils ont pas honte, je te le dis. Il faut avancer là-dessus, parce que demain, on va sur le terrain. »

Véhicules stratégiques

MON BEAU SAPIN_Tino Rossi

Dans les collines à présent verdoyantes, des centaines de personnes « volontaires » étaient en train de transplanter des plants de maïs un par un. L'expert agronome qui avait été mis à disposition du projet par le Ministère n'avait d'ailleurs pas pu venir en visite à la ferme. Il avait décommandé parce qu'il était convoqué pour la transplantation.

La terre coréenne retrouvait son sourire. Des dizaines de vélos étaient garés le long des routes et une armée s'activait dans les champs, sur les collines parsemées de grands drapeaux rouges. Tous les volontaires étaient réquisitionnés pour mettre en culture les plantations qui permettraient de nourrir tout un peuple. Par centaines, ils arrosaient, transplantaient, protégeaient les précieuses cultures.

L'équipe de Quentin fut accueillie comme de coutume par le hurlement grésillant du haut-parleur. Quelqu'un avait l'air de s'être fait très mal et tentait de convaincre ces concitoyens qu'ils y étaient pour quelque chose. Le directeur avait l'air un peu gêné. Quentin comprit rapidement pourquoi en rentrant dans la cour.

« Euh, c'est quoi, ça, Chol ?

– Ben, c'est notre tracteur.

– Non, mais c'est quoi ces petits rubans en papier alu. C'est pour une kermesse ? »

Chol prit un air outré :

« C'est un camouflage, Quentin ! Tu risques d'offenser le directeur !

– Et lui, il ne m'offense pas en transformant l'engin que l'Union européenne vient d'acheter au pire en machine de guerre, au mieux en engin de kermesse ? »

En réalité, Quentin regrettait de ne pas pouvoir photographier le véhicule fraîchement lavé recouvert d'un filet de pêche et de milliers de petites papillotes de papier aluminium.

Riant de l'intérieur, une fois n'est pas coutume, Quentin entamait avec l'équipe les discussions sur les projets en cours, qui, bien entendu, avaient pris du retard à cause de la préparation des exercices militaires. L'ensemble du matériel avait subi le même sort et seuls les animaux, sans doute jugés moins stratégiques, semblaient avoir échappé au camouflage.

En ville, en route pour le sempiternel restaurant, Quentin dut se retenir d'éclater d'un rire libérateur à la vue d'un vieil agent de la circulation, avec son uniforme passé, recouvert, comme le tracteur, d'un filet de pêche et de petits rubans aux mille reflets. Il se retourna pour se repaître du spectacle. Le policier, très digne, continuait à appliquer sa gestuelle un peu fatiguée par les ans. De nombreux camions étaient eux aussi recouverts de ce même accoutrement. Perfide, il remarqua :

« Mais au fait, Chol, il faudrait que l'ensemble des véhicules soient camouflés pour que ça ait du sens, non ? Là, les satellites nous voient, et ils voient les autres voitures.

– Oui, mais ça ne concerne que les véhicules stratégiques. »

D'où le tracteur, pensa Quentin si fort que Chol enchaîna :

« L'agriculture est stratégique, puisqu'elle permet de nourrir les armées.

– Oui, enfin, j'espère que notre ferme nourrit bien les enfants des institutions comme on nous l'a présenté, et non pas l'armée.

– …

– Chol ?

– Tu sais que nous sommes invités à un spectacle de cirque ? Maxime, Colin et Sarah pourront venir, eux aussi ! »

Dans un soupir, Quentin décida de jouer le jeu de son traducteur :

« Ah, super, et c'est quel cirque, celui qui est vers le musée de l'armée, près de l'hôtel en pyramide ?

– Non, c'est le cirque militaire.

– Décidément, c'est thématique, marmonna-t-il.

– Comment ?

– Non, je disais, en France, les militaires font pas de cirque. »

Le cirque Zapata

JE M'VOYAIS DÉJÀ_Charles Aznavour

Les étrangers du bureau et leurs familles embarquèrent à dix dans le minibus.

« *Allez, les z'enfins !* Direction le cirque !

– Ouais !

– Militaire.

– Ah. Comment ça se fait, un cirque militaire ? demanda Maxime. Les militaires, ils font pas la guerre ? »

Chol rit :

« Ah ah ! Ton fils, il te ressemble beaucoup, Quentin ! »

Ils pénétrèrent dans le grand bâtiment en béton en forme de chapiteau. Malgré la douceur du printemps à l'extérieur, un certain froid persistait à l'intérieur de cette immense bâtisse vide. Le marbre donnait l'effet d'une tombe et la très faible lumière qui éclairait la scène accentuait d'autant cette impression. Le groupe prit place tranquillement dans les gradins, en hauteur, dans des fauteuils deux fois plus larges que les autres.

Soudain, une porte s'ouvrit plus bas. Des dizaines d'enfants et d'adultes surgirent de nulle part et remplirent les dix premiers rangs, quasiment dans un mouvement homogène et totalement insonore.

« Faîtes rentrer les figurants ! » dit Ivana.

Au bord du fou rire, Quentin fit mine de chercher quelque chose dans son sac pour éviter le regard de Sarah, dont il devinait les épaules s'agiter dans un démarrage de rire compulsif.

Les rires laissèrent place à l'ébahissement, tant le spectacle qui suivit fut tout simplement éblouissant : des pyramides humaines, des voltigeurs, enfants comme adultes. Puis des jonglages, des bascules coréennes. Incroyable. Maxime et Colin oublièrent le froid et regardèrent les yeux écarquillés, debout.

Les collègues coréens étaient également fascinés. Puis vint le spectacle de clowns. Un Coréen était habillé en coréen, c'est-à-dire en costume de Tergal gris foncé. Un autre était vêtu de ce qui devait représenter un uniforme de GI américain. Il était grimé de rouge, signe qu'il était saoul, affublé d'un organe nasal de grande dimension et d'une bouteille d'alcool. Il était le portrait craché du général Alcazar dans *Tintin*, juste pour situer. Il titubait bien sûr et tentait de frapper le jeune Coréen, qui finissait toujours par lui coller un coup de pied aux fesses. Le GI se prenait les pieds dans le tapis, tombait sur son fondement. Ce fut la seule fois où l'on vit monsieur Rim rire de bon cœur, à l'unisson avec tous les spectateurs. Il riait aux éclats comme un enfant, comme tous les enfants présents dans la salle, moins deux qui ne comprenaient pas le Coréen et qui sentaient de surcroît, le malaise de leurs parents. Il traduisait en riant ce que disaient les deux clowns. Alors que le GI était copieusement assommé, le Coréen conclut joliment, traduit avec enthousiasme par le traducteur d'Ivana :

« Ah, c'est comme ça qu'il faut les traiter ces bandits-là ! Tuons-les tous !

– Qu'est-ce qu'il a dit, Papa ? demanda Colin.

– Tu veux un gâteau ? Alors, j'ai fraise ou vanille, tu sais c'est ceux que t'aimes bien, avec la tête de petit chien dessus ! »

Dans le minibus du retour, le silence et la gêne régnaient. Seul monsieur Rim ne quittait plus son sourire, les autres préférant discuter avec leur voix intérieure.

Cher journal,

Alors que les échafaudages avaient été mis en place quelques jours après mon arrivée en janvier et après plusieurs mois de vie cachée sous un drap, la statue en bronze doré de Kim Jong-il a été découverte à notre vue de mortels cette semaine. J'ai raté l'homme à quelques jours près, je n'ai pas raté son immortalité. Le voilà dressé, haut de vingt mètres, à côté de son papa dont le visage a été vieilli pour garder une « crédibilité » de hiérarchie. Ils trônent désormais tous les deux au-dessus de Pyongyang, le regard bienveillant sur le peuple coréen.

Bien sûr, il y eut une cérémonie pour fêter l'événement. Enfin, des cérémonies. Les enfants et moi avons eu l'honneur d'y être invités avec toute l'équipe du travail de Quentin. Nous avions rendez-vous sur le parking en bas de notre immeuble, qui est aussi l'immeuble de presque tous les étrangers que nous croisons dans ce pays. Comme les autres fois, je me suis aperçue en arrivant que nous avions tous été conviés à la même heure. Il faisait bon en ce début d'après-midi. Un seul manteau suffit maintenant pour sortir, et on peut même se passer de bonnet. L'air que l'on respire ne vient plus nous glacer l'intérieur, depuis que nous sommes revenus de Dandong, le temps est agréable, le soleil se risque à chauffer les peaux blanches et les oiseaux se permettent des gazouillis discrets. Chaque organisation s'est regroupée autour de son officier de liaison et le cortège a pu s'ébranler : une petite dizaine de véhicules clinquants et brillants, en file indienne fonçant à vive allure à travers les larges avenues de la ville. Cette attitude m'as-tu-vu d'un tel cortège ne me plaît pas. Ces bestiaux de métal ont une arrogance décuplée par le fait d'être tous ensemble. Heureusement, nous, nous prenons souvent « mon » minibus plutôt que les Prado. Je ne connais pas la raison de ce choix, mais j'aime bien l'idée de ternir un peu cette file indienne, de lui ôter un tout petit peu de sa suffisance. Et puis, on est bien, tous entassés là-dedans, *One Love One People Get Ready*! Bien sûr, « mon » minibus redevient instantanément la possession de Kim-*Rivers*-chauffeur dans ce genre d'expédition. Je ne dis rien, mais moi, je sais que ce minibus peut n'appartenir qu'à moi.

Le long du trajet, l'ambiance est bonne entre les deux communautés. Les boutades volent, frôlant parfois la joute verbale. Certains ont l'air de se tester, d'autres envoient des perches, osent des sous-entendus, parfois des piques. Moi, au milieu de tout cela, je n'ose pas trop entrer dans la danse. Je ne passe pas assez de temps avec eux pour savoir ce que je peux dire ou ne peux pas dire. En règle générale, je marche sur des œufs. J'ai pourtant envie de dire mille choses, de demander pourquoi ceci, pourquoi cela, et « Monsieur Ri, que pensez vous de cela », et « Chol, ne penses-tu pas que ceci est exagéré »... Je vois bien le petit manège qui se joue. Quand la raison qui nous a tous réunis dans ce petit réduit d'espace est qui plus est une cérémonie officielle, on demande ce qu'on devra faire, ne pas faire, sourire ? s'incliner ? et les enfants ?... Je sens que Chol cherche toujours à dédramatiser la situation. Tout en riant, il semble chercher à me dire « tu sais bien comment te comporter en public, non ? » Mais lui ne sait pas l'orage qui traverse notre cerveau d'Occidental à l'idée de se retrouver devant des statues représentant ces dirigeants. Comment pourrais-je savoir, moi, ce que les Coréens du Nord trouvent normal, anormal, moral ou immoral ? La normalité est restée à la douane.

Ces trajets dans Pyongyang sont à l'image de mon séjour ici. Me trouver là, si près d'eux me remplit de joie, tout en me renvoyant de plein fouet à l'abîme qui nous sépare. Parfois au milieu des conversations, je croise un regard de connivence de Linda, qui me ramène à nos repères communs d'Européens.

Notre minibus s'est arrêté à côté de ces crâneurs de 4x4, sur le parking de Mansudae. Le groupe que nous formons, m'est assez familier maintenant. Je reconnais presque tout le monde. Il y a toujours des nouveaux, parce que le *turn over* dans les organisations est assez remarquable, alors je me renseigne auprès d'Ivana qui, elle, est parfaitement à la page.

Son statut de célibataire lui donne accès à plus de rencontres qu'à moi !

Nous avons monté la colline en bavardant les uns avec les autres. Le soleil aidant, les langues se délient, le moral des troupes remonte, l'envie de contact se fait plus grand. Nous avons croisé des familles avec des enfants tenant des ballons au bout d'une ficelle, des hommes en costumes beige, des femmes en robes traditionnelles rose, jaune, turquoise... Maxime et Colin sautillaient eux-aussi même si nous avons trouvé plus décent de laisser les trottinettes à la maison. J'ai ressenti de la gaieté dans l'atmosphère de cet après-midi d'avril. Nous nous sommes approchés des deux ogres au milieu d'une foule de gens. On a tout de suite l'impression d'être tout près tellement ces statues sont monumentales. Sur l'esplanade, un mouvement réglé faisait avancer la foule par paquet. Au pied des géants, une bande sonore larmoyait. Les gens avançaient méthodiquement, en rangs, écoutaient un discours qui passait en boucle, puis le silence, non sans émotion, l'inclinaison et aux suivants. Nous, étrangers, étions plus ou moins invités à suivre le mouvement, c'est pour cela que nous étions là. Mais une sorte d'entente tacite entre nous, nous a fait ralentir à l'approche du point de non-retour, ce point au-delà duquel nous n'aurions pas pu faire autrement que d'observer l'attitude de prosternation. Nous avons pu prendre une photo-souvenir. Nous quatre au pied des colosses. Ah non non ! Ce n'est pas la carte postale !
Tous les Coréens des unités ont bien entendu été s'abaisser devant ce qui leur restait de leurs défunts Leaders. Mais bizarrement, il n'y a pas eu de consé-

quences à notre comportement. Peut-être parce que nous avons tous agi de la même façon ? C'était un peu comme ne pas communier à la messe.

« Mister Edberg has won the toss and has decided to serve. »
CASH VS LENDL_Pat Cash

Comme souvent en période de Roland-Garros, les Français avaient la raquette qui les démangeait. Le week-end suivant, Quentin et Nico retrouvèrent le chemin des courts. La plupart des Coréens jouaient en double, en uniforme gris ou marron-kaki, et maillot de corps blanc, avec des raquettes assez anciennes. Sur le bord du terrain, se massaient généralement des compagnons fumant l'équivalent d'un hectare de plantation de tabac en deux heures de temps. La balle jaune classique, sans doute pour des raisons de difficulté d'approvisionnement, était remplacée par une balle en caoutchouc, que l'on pouvait raisonnablement soupçonner d'avoir été une balle normale dont le duvet était entièrement usé. Avec un style peu académique, plus proche de celui de monsieur Hulot que de Roger Federer, les joueurs frappaient de toutes leurs forces dans cette pauvre balle d'un côté et de l'autre du filet. Pour des êtres humains absorbant autant de matières nocives, les joueurs avaient souvent des qualités athlétiques hors du commun et cavalaient dans tous les sens. La balle, à fort rebond et assez lente, leur permettait des échanges interminables.

Les groupes étaient exclusivement masculins. Quelques doubles mixtes s'organisaient entre jeunes gens qui bénéficiaient d'un équipement de tennis moderne, tenues, raquettes et balles classiques, qui témoignaient de leur accès à l'étranger ou à des moyens financiers importants. On trouvait des raquettes ou des chaussures dans la capitale, mais il était impossible d'y dénicher des balles et encore moins de recorder les raquettes.

Une employée discrète et taciturne se chargeait de pourvoir les joueurs en serviettes et en bouteilles d'eau, sans daigner échanger un mot avec quiconque. Ce jour-là, en revanche, elle montra un visage affable et resta sur le bord du court voisin. Il était occupé par une dizaine de Coréens en maillot de corps et pantalons retroussés. Leur carnation rouge attestait de l'ivresse post-repas. L'employée, transfigurée, minaudait autour du court alors qu'ils s'étaient mis en tête de jouer au football, avec force rires et autant de bruit que des Néerlandais en goguette à Benidorm. L'employée riait de leurs plaisanteries, ramassait la balle, applaudissait certains coups. Le projectile vint plusieurs fois sur le terrain de Nico et Quentin, parfois dans leurs pieds, sans que jamais les Coréens ne s'excusent et, malgré un agacement qui montait, les Français renvoyaient la balle sans se faire remercier. Un revers malencontreux de Quentin termina sa course sur leur terrain. Non contents de ne pas rendre la balle, les Coréens commencèrent à jouer avec. Quentin décida d'aller lui-même chercher sa balle. Tout en le regardant dans les yeux avec un air de défi, un des Coréens shoota dedans et l'envoya de l'autre côté du terrain. Autour, les courts s'étaient vidés, et une tension maintenant palpable fit reculer Quentin, qui décida de servir.

« On ne devrait pas partir ? proposa Nico.

– Je ne crois pas. Il n'y a pas de raison qu'on se laisse intimider, même si on joue vraiment comme des saucisses aujourd'hui. On n'est pas coréens et on a une plaque diplomatique. Moi, je respecte le pays et ses habitants, mais je vais pas faire des courbettes devant ces mecs qui sont peut-être à l'origine de plein de saloperies. »

Jeu, set et match.

Cher journal

Je profite de l'heure de dessins animés de TV5 Monde pour t'écrire. Cette heure-là, Maxime et Colin l'attendent dès le début de la journée. Maxime lui, sait compter les heures qui le séparent de ce moment d'évasion si cher. Il me demande à peu près toutes les demi-heures dans la journée quelle heure il est, pour pouvoir compter ce qui lui reste à attendre. Je lui dis « Va voir dans la cuisine ! », il crie « Alors la grande aiguille, elle est sur le 4 et la petite elle est sur le 10 ! », je lui réponds « il est 10h20 ! » et il compte. Il est toujours content du résultat parce que c'est toujours moins que le coup d'avant. Il est 18h04, le cycle de ce soir est lancé, j'ai un peu de temps pour toi devant moi.

Ce soir, je vais à une *movie night* chez Emily et Rachel. Ce n'est pas dit dans le nom, mais ces soirées sont exclusivement réservées aux filles. Le programme est simplissime : on parle de trucs de filles en choisissant un film, que l'on regarde ensuite en buvant du Coca et en mangeant du pop-corn, puis, on en discute longuement avant de se faire des *hugs* pour se dire bonne nuit. Pour moi, ces soirées revêtent un caractère important. C'est une de mes seules échappées possibles. Je veux dire une échappée de mon rôle de maman. D'ailleurs, je sais déjà qu'en sortant de l'immeuble, tout à l'heure, les quelques expatriés que je vais croiser, vont avoir pour moi cette délicieuse question réflexe : Bonsoir Sarah, mais où sont tes enfants ? – Ils sont avec leur papa, vais-je m'entendre répondre poliment. Peuvent-ils seulement deviner à quel point le sourire que je leur adresse en retour est jaune citron ? Peuvent-ils connaître ce sentiment de désappropriation de sa personne ? Quand tu me poses cette question, mon ami, tu me dis : « Tu n'es pas Sarah, tu es la mère de tes enfants ». Et moi, je te réponds : « Je ne suis pas que la mère de mes enfants, je suis aussi la femme du merveilleux Quentin qui prend ma place ce soir pour que je puisse occuper mon temps futilement ». Connaissant ma réputation de mauvaise comédienne, j'espère que mon regard et le ton de mes phrases ne seront pas trop secs et noirs. Même maladroits, les gens d'ici me sont précieux, il ne faudrait pas que j'entache trop mon capital sympathie !

Les nationalités des copines de la *movie night* sont pour le moins variées. Tu prends une petite poignée de confettis et tu les jettes sur un planisphère : Canada, Corée du Sud, Pologne, Sri Lanka, France, Cuba, Érythrée, République tchèque, voilà notre équipe ! La sélection du film pour la soirée est un moment qui *ethnographiquement* me plaît ! Chacune amenant quelques titres à proposer, la présélection tourne souvent autour des comédies romantiques américaines qui, justement, et c'est très énervant, sont faites pour le public que nous sommes ces soirs-là : des meufs ! Mais, attention, il ne faut pas qu'il y ait de sexe. Rachel ne supporte pas. Une idylle d'accord, des bisous, bon si vraiment ça vous fait plaisir, mais

des fesses, des langues ou des seins, non, non, non! Je n'ai pas encore réussi à savoir exactement d'où lui vient cette répulsion (peut-être de sa foi exacerbée en l'Église ?), mais peut-être qu'avant mon départ, je saurais trouver un brin d'explication ? Choisir un DVD à dix personnes relève d'un exercice de démocratie assez fascinant. À mon sens, la *concession* est le maître mot. Parce que ce qui m'importe à moi, ces soirs-là, c'est juste de partager une soirée avec des filles chouettes. Je ne suis pas là pour voir LE film que je ne voudrais pas rater pour pouvoir en parler et briller en société après. Quelle société de toute façon ?! Ici quand on est en société, on est TOUS privés de cinoche alors... Donc, quand j'exprime mes « préférences », au fond, j'écarte surtout les films qui m'ont l'air d'être vraiment, vraiment trop de grosses daubes internationales.
Une fois le titre trouvé, on s'installe avec des couvertures Ikea, sur le canap' Ikea, sur la chauffeuse Ikea, sur le tapis Ikea. Emily cherche les bons sous-titres sur le DVD piraté en Chine pendant que Rachel veille à ce que les bols de pop-corn soient bien répartis parmi nous. Chuut, ça commence !...
Le film se passe comme si de rien n'était. Comme si nous étions réunies dans un appartement de Paris, dans une maison en Bretagne ou dans une chambre d'ado à Massy-Palaiseau. « Oh lui, il est trop beau !», *Crounch! Crounch!* les pop-corns, « Nan, elle va pas le tromper quand même ?! »... Le cinéma, même médiocre, est un instrument d'évasion efficace. Pendant les quatre-vingt-dix minutes que dure l'histoire, on en oublie où nous sommes. On en oublie ce qui se joue-là, juste de l'autre côté des fenêtres, au pied du quartier.

À quelques mètres de là, pourtant, des gens vivent au cœur d'un cauchemar grandeur nature. Que voient-ils depuis leur appartement sans confort et sans électricité ? Au-delà du mur de béton de 2,5 mètres de haut qui les sépare de notre compound, au cinquième étage de cette tour verte ? Je suppose qu'ils doivent apercevoir la lueur de notre écran qui se projette sur les murs. Y prêtent-ils attention ? Pensent-ils que nous sommes dans le faux ? Que nous agissons mal ? S'imaginent-ils que nous fomentons des complots contre leur mère-patrie ? À l'inverse, ont-ils espoir que nous soyons en train d'organiser une résistance pour les sortir de là ? En réalité, ces rais de lumière ne sont que les mouvements d'une Cameron Diaz et d'un Hugh Grant au sommet de leur art…
La discussion qui suit une comédie romantique de haut vol dérive inévitablement sur des réflexions du type : les hommes ont moins le sens des responsabilités que nous, ils sont plus volages, ils sont inconséquents, ils ne savent pas prendre une décision, ils sont hypocondriaques. Nous, les femmes, on a le sens du sacrifice, on sait faire plusieurs choses en même temps, on a la tête sur les épaules, c'est nous qui donnons la vie… et j'en passe. En ce qui concerne les différences hommes/femmes, l'hétérogénéité des pays représentés à la *movie night* ne va malheureusement pas dans le sens de la diversité des propos. Ajoutons à cela une part non négligeable de piété, ancrée pour certaines de manière ancestrale…

À la dernière *movie night* néanmoins, nous avons regardé *Les Choristes*, DVD que j'ai trouvé sur les étagères de notre appartement. Et, pour le coup, c'était un bon choix et pas seulement parce que c'est moi qui l'ai apporté! Je n'avais jamais pensé que Gérard Jugnot puisse être un homme exotique! Les discussions qui ont suivi le film ont été riches. Quand j'ai dit à cette assemblée Benetton que l'internat du Fond de l'Étang était semblable à celui où mon père a grandi, les « Ohh! » de surprise ont fusé. Car j'ai reconnu dans ce film une foule d'images que mon père a pu évoquer lorsqu'il parle de son enfance : les curés, les culottes courtes, les dortoirs, les parents aux parloirs de temps en temps, le sport au sifflet dans la cour, le pot de confiture caché dans le placard et envoyé par maman dans un élan de remord pour l'anniversaire, l'eau froide aux robinets communs pour la toilette, le réfectoire, les grands qui mènent la vie dure aux petits, et puis, au milieu de tout cela, peut-être, un adulte bienveillant qui fait tout pour qu'un enfant de dix ans puisse survivre à cet environnement. C'est une drôle de vision de l'enfance quand on y pense. Combien de garçons ont traversé ainsi de longues et dures années entre les mains d'un système éducatif violent et dégradant pour se voir un jour lâcher dans la nature *vlan!* comme ça, comme si on devenait adulte du jour au lendemain? Suzanne, autre Française adepte des *movie nights* avait acquiescé à côté de moi. Parce que nous venons du même pays, nous avons de l'histoire en commun. Pour Hiruni, Sri-Lankaise, ces déclarations l'avaient laissée bouche bée. J'imagine que les images que nous venions de voir ne devaient pas avoir grand-chose en commun avec l'enfance de ses parents. Et la conversation a pris un virage inattendu. Hiruni nous a parlé de son père, elle aussi. Elle nous a raconté comment, en 2004, lors d'un terrible tsunami qui a ravagé son pays, elle s'est retrouvée à l'intérieur d'un bus immergé sous plusieurs mètres d'eau boueuse. Son père était assis à côté d'elle. Mue par une force décuplée par la peur, elle est parvenue à se détacher et à le détacher, lui qui avait perdu connaissance. Dans la panique, elle a eu le temps de se dire « si un de nous deux doit mourir, je préférerais que ce soit moi ». Elle ne se souvient pas comment elle a réussi à sortir son corps et celui de son père de ce bus qui aurait pu devenir leur cercueil.

Tous les deux en sont sortis vivants, ils ont été les seuls à avoir cette fortune parmi la cinquantaine de personnes qui se trouvaient là avec eux. C'est suite à ce tragique événement et aux longs mois qu'elle a ensuite passés sous une tente de la Croix-Rouge qu'elle s'est engagée dans l'humanitaire.

« Mèèèèèèèè Arrrrèteuuh ! Naaan mèèèèè c'est moi. Mamaaaaaaan. C'est à MON tour d'appuyer sur la télécommande pour éteindre la télé et c'est Colin qui a éteint. J'en ai marre moi, c'est toujours pareil. Déjà hier, c'était lui. »
Ok. Cher journal, je te laisse, j'ai mieux à faire que de philosopher sur l'humanité…

And the winner is…
HEXAGONE_Renaud

Pendant que la communauté internationale résistait moralement à coup de pique-nique et de sport aux pressions psychologiques infligées par les collègues coréens, sans doute bien malgré eux, la campagne présidentielle semblait passionner les foules en France. Comme d'autres fois auparavant, Quentin glissa à un ami un texte pour un magazine local. La technique pour passer outre les fourches caudines de la censure consistait à copier le texte en question sur un e-mail, l'enregistrer en brouillon. Puis le destinataire devait aller sur la boîte avec les identifiants de la personne et récupérer le texte, puis l'effacer. N'ayant jamais été envoyé, ce mail était un fantôme.

Quentin resta éveillé jusqu'à quatre heures du matin précisément pour assister au moment où Jean-François Copé, Frédéric Lefebvre et Henri Guaino durent admettre leur défaite. Il remercia Hollande pour ce moment-là seulement. Pour le reste, la démocratie le faisait davantage rêver que monsieur Normal.

Il arriva le lendemain matin au bureau avec un anti-teint Vichy Célestins, tout brouillé et gris.

« Bonjour Quentin, chanta Chol, tout jovial, et bravo pour ton Président ! »

Quentin pensa « ce pays est décidément magique pour celui qui aime la surprise permanente ».

« Comment es-tu au courant ?

– Les informations. Tu sais, on suit beaucoup l'actualité de la France, depuis la visite de François Mitterand. Quand il est venu voir notre Cher Leader en 1980, il nous avait donné de grands espoirs de reconnaissance par la France. Il fut le premier Européen à venir. De nombreux Coréens se sont mis à apprendre le français, poursuivit Chol. Mais le problème, c'est que vous êtes lents, vous, les Français. Après il ne s'est rien passé. Les Anglais, les Allemands, les Suédois ont ouvert une ambassade depuis longtemps. Et vous ? Un bureau de coopération, trente ans après la visite de Mitterand !

– Et des ONG !

– En tout cas, Hollande, c'est mieux que Sarkozy, déclara Chol en tirant sur sa clope. Moi, franchement, je voyais un peu Sarkozy comme un dictateur ! »

Quentin manqua d'avaler son thé de travers. Comme si souvent depuis qu'il habitait ce pays, il resta sur son quant-à-soi et laissa échapper un soupir. Un gros.

Gâchette

GUNS OF BRIXTON_The Clash

Quentin s'était réveillé aux aurores avec la mâchoire crispée et une tension palpable lui traversait le corps. L'appartement dormait à poings fermés et il savait qu'il avait deux bonnes heures devant lui. Au lieu de tourner en rond comme un lion en cage, il laissa l'appartement rempli d'odeurs de pyjamas d'enfants et de son café à peine terminé, embrassa Sarah dans le cou et partit en fermant doucement la porte. Appareil photo, quelques *wons* et euros en poches, il partit sans but précis, si ce n'était de faire une balade à pied et de revenir avec le petit déjeuner. Il salua de manière joviale le garde de son petit compound, qui en retour lui demanda une cigarette. Le soleil faisait paraître des rayons à travers les arbres fleuris du grand compound diplomatique et, nonobstant la cabane de garde postée devant le siège des Nations Unies, c'était joli. On ne pense jamais à photographier ce qui est proche. Avec un pressentiment de départ imminent, Quentin prit une photo de ce bout de rue devenu familier. En face, il vit le garde sursauter et lui faire signe de venir à lui avec un regard noir. Quentin, d'abord surpris, hésita. Le garde n'avait pas l'air de plaisanter et lui désigna son appareil photo de manière véhémente.

« Ah, ça, oui c'est un appareil photo. »

Quentin vint lui montrer la photo qu'il venait de prendre et sur laquelle apparaissait la cabane de poste de garde. Celui-ci prit brusquement l'appareil des mains du Français, puis tenta de faire défiler les photos. Quentin voulut l'aider à visualiser les photos, mais il garda l'appareil serré dans une main et lui mit l'autre sur le bras pour arrêter son geste.

Quentin essaya de lui signifier qu'il allait effacer la photo s'il lui donnait l'appareil, en traçant une croix dans les airs.

Le garde ne voulait rien savoir, et il mimait, très en colère que c'était interdit de photographier sa cabane. Il décrocha son téléphone rouge, sans doute faute de savoir lui-même quelle était la bonne décision et parla avec celui qui devait être son supérieur hiérarchique, ce qu'il confirma en mimant les grades sur ses épaules. Quentin commençait à s'agacer un peu :

« Je voulais juste me balader. Me détendre, bordel, me détendre de votre pays de dingues ! Laissez-moi vous l'effacer cette photo, bordel, qu'on n'en parle plus ! », protesta-t-il en tendant à nouveau la main vers l'objet du délit. Pour l'arrêter, le garde porta la main à l'arme qu'il portait à son flanc. Quentin se sentit pâlir. C'était la première fois qu'une arme se plaçait entre la Corée et lui. Il considéra le garde en soutenant son regard comme pour lui signifier « Là, mon gars, ça peut mal finir cette histoire » et lui montra le drapeau des Nations Unies :

« Tu sais ce que ça signifie ça, mon pote ? Tu sais ce que c'est, ce drapeau ? »

Il tourna les talons, hors de lui et tremblant.

« Garde l'appareil, mon gars, je me casse. Je pars me ba-la-der. »

Le garde lui fit signe que non, montra ses galons pour signifier que son chef allait arriver.

Quentin partit. Le garde continuait à l'interpeller. Malgré la menace de l'arme dans son dos, il était résolu et continua à avancer.

Quentin fut sauvé par l'arrivée du sergent chef, qui lui permit de faire volte-face sans la perdre.

Il retrouva son calme pour expliquer au chef avec des gestes, car il n'existait pas de langage commun, qu'il effacerait les photos s'il lui en donnait l'occasion.

« Vous comprenez, je veux juste aller marcher un peu », expliquait-il en faisant ce geste inutile de deux doigt se déplaçant sur la paume de l'autre main.

Le sergent lui tendit l'appareil et Quentin dirigea l'écran vers les deux militaires pour montrer la photo compromettante, puis refit le geste de la croix dans l'air et appuya sur la corbeille.

« OK ?

– *Heye !* »

L'étranger récupéra encore tremblant son appareil et se remit en route. Cinq bons kilomètres de rumination lui furent nécessaires pour retrouver son calme. Il revint à peine calmé avec un pain rassis et du beurre sans goût et confia l'histoire à Sarah :

« Je viens de me faire menacer devant le siège des Nations Unies. À cinquante mètres de l'appart ! »

Les deux frères en avaient profité pour entamer une bataille rangée et les injures fusaient. Sarah avait la tête des mauvais jours et lui fit savoir qu'elle se sentait complètement inexistante de s'occuper toujours des enfants. Enfants qui le lui rendaient assez mal, puisqu'ils étaient rétifs à toute tentative de sortie et semblaient gagnés d'un ennui permanent et ostensible, qui avait émoussé toutes les énergies. Quentin se creusa la tête pour proposer quelque chose d'attrayant à ses fils :

« Allez, on va faire un tour sur la place Kim Il-sung.

– On va faire quoi ?

– Vous pourrez faire de la trottinette, et après on pourra aller au resto.

– Oh non, je veux manger des pâtes au beurre. J'aime pas les repas coréens.

– S'il te plaît papa, on peut rester à la maison ? On veut pas aller sur la place, c'est nul là-bas. »

Sarah sentait ses épaules s'affaisser. Quentin lui proposa de partir sans lui et d'aller faire un tour pendant qu'il resterait avec les enfants, ce à quoi elle répondit qu'ils ne se voyaient pas non plus tous les deux.

« Bon, les enfants, j'ai décidé, on y va et vous avez une minute et quarante secondes pour vous préparer. »

Une heure plus tard, la famille quitta la voiture d'un air maussade. Les enfants parce qu'ils avait été forcés à venir, Sarah parce qu'elle n'en pouvait plus d'avoir ses enfants mécontents sur le dos et le papa parce que ce mouvement avait pompé une quantité substantielle de son énergie, perte amplifiée par un sentiment de culpabilité lancinant qui ne le quittait que très rarement. Comme souvent, les enfants finirent par prendre plaisir à rouler en face de la place Kim Il-sung. Sur la place, se matérialisait un spectacle impressionnant : une foule de plusieurs dizaines de milliers d'enfants, vêtus en chemise blanche, bermuda bleu marine et foulard rouge, leur tournaient le dos et réalisaient une chorégraphie avec des alignements impeccables, pendant que les hauts-parleurs les encourageaient par des harangues à caractère sans doute patriotique.

« Vous voyez, Maxime et Colin, les enfants qui sont là, ils vont rester toute la journée à répéter une chorégraphie, pendant que vous êtes tranquillement à faire de la trottinette. Ils n'ont pas le choix ; personne ne leur demande leur avis.

– Nous non plus, vous nous avez pas demandé notre avis pour venir ici, argumenta Maxime.

– Tu veux dire cet après-midi ?

– Non. Je veux dire en Corée. »

Son père le regarda avec tendresse, le serra dans ses bras.

« On va manger du gâteau au chocolat avec du chocolat chaud, les gars ? »

Le Helmut café, pure importation germanique située sur la place Kim Il-sung, était vide. Les quatre parts de gâteau, deux chocolats et deux cafés leur valurent le prix de deux repas entiers à quatre, mais les rasséréna quelque peu.

« Et l'école avec Maman, comment ça avance ?

– On a reçu le CNED avec quatre mois de retard, comment tu veux que ça aille ?

– Et le petit garçon, là, vous l'avez revu ?

– Moi je l'aime pas, il crie tout le temps, intervint Colin.

– Bon… Qu'est-ce qu'on fait après ?

– On rentre pour regarder un dessin animé ? »

Cher journal,

Colin ne va pas bien. Il est en train de s'éteindre. Le matin, il met du temps à se lever, il n'a envie de rien, il ne mange pas beaucoup. Je crois qu'il s'ennuie, d'un ennui profond, d'un ennui mortel. Je suis inquiète. Je ne vois rien qui brille dans son œil. Il vient d'avoir 5 ans, il n'a qu'un seul ami ici, son frère, les journées sont longues.

Dehors, malgré la chaleur de l'été, la vie n'est pas très *fun* pour lui. À part les quelques jeux que nous avons amenés, il n'y a pas grand-chose d'amusant ici. Même lorsque l'on va à la piscine extérieure de telle ou telle ambassade, il arrive régulièrement qu'on se fasse mettre dehors parce que les enfants font trop de bruit. Ce sont des lieux de travail, pas des parcs d'attraction.

Et puis, dans la rue, promenades que j'affectionne pour ma part tout particulièrement, les passants le regardent si bizarrement. Il est un objet de curiosité. Je dois avouer que pour moi, les enfants sont un passeport formidable pour atteindre le cœur et le sourire des gens. Mais pour eux, c'est au prix de mains dans les cheveux, de portage sans demander la permission, etc. Je crois qu'il rêve d'une vie normale, tout simplement. Où sont les cours de basket du samedi matin, les goûters d'anniversaire du mercredi, le ciné du dimanche après-midi, la cour de récré, les discussions Pokémons ? Dans le compound, ils sont finalement une vingtaine d'enfants de 0 à 18 ans, aucun ne parle français, comment leur en vouloir de s'ennuyer mortellement ?
Moi, je me sens coupable. Parce que j'aime être ici. Je savoure la chance que j'ai de partager mon quotidien avec des Coréens du Nord. Je m'adresse à eux, pour faire mes courses, pour demander mon

chemin... Mais c'est un plaisir coupable puisque je fais souffrir mes enfants.

Je ne sais pas trop quoi faire pour lui faire remonter la pente, à mon Colin. Quand je regarde devant moi, la perspective pour lui n'est pas très engageante. L'été touche à sa fin, nous allons bientôt devoir calfeutrer soigneusement la clim' pour nous protéger du froid glacial qui nous envahira à nouveau. Il n'y a que les mamans d'ici, qui comme moi sont *housewife* à Pyongyang qui peuvent me comprendre. Et heureusement qu'elles sont là. On en parle ensemble bien sûr. Elles aussi sont partagées entre la culpabilité de séquestrer leurs enfants dans ce pays isolé et le fait de mener leur projet de vie, de coopération. Nos familles sont engagées dans un drôle de dilemme.

Avec Gabrielle, qui est ici avec ses trois enfants anglophones, nous avons trouvé un arrangement que je pensais positif à l'origine. Nous procédons une fois par semaine à un échange d'enfants ! Elle prend les grands, je prends les petits, ou l'inverse. Je me suis sans doute enthousiasmée un peu vite. Je leur prépare des ateliers genre macramé, des masques en plâtre, des marionnettes, des déguisements. Les autres mamans jouent le jeu, les enfants aussi jusqu'à une certaine limite, mais le cœur n'y est pas, je le vois bien. Tu aurais vu la séance de ramassage des œufs de Pâques... un fiasco ! Déjà, il a fallu trouver du chocolat. Je ne dis même pas des œufs en chocolat parce que ça, c'était de toute façon mission impossible. On s'était mises en chasse, toutes les mamans, pour trouver de quoi ravir nos enfants le jour de Pâques. Le fruit de nos recherches a été une flopée d'œufs durs que les enfants avaient peints à une de nos séances d'échange et quelques tout petits chocolats carrés et enveloppés, comme ceux que l'on sert en France dans les bars avec un café. La *loose* ! Et si à cela, tu ajoutes le cadre gris du bas de l'immeuble, quasiment sans végétation car à peine remis de l'hiver frigorifique qui ne faisait que s'estomper à ce moment-là, ça te donne une idée plus précise du tableau. Les dix enfants concernés par notre chasse aux œufs du siècle nous ramenaient leur récolte et pour faire bonne figure, en bons parents, nous recachions ces mêmes trésors quand ils avaient le dos tourné, voulant ainsi leur donner l'illusion de l'abondance occidentale.

Tout cela est surjoué. Et puis, les enfants entre eux ne s'entendent pas très bien. Ils ne parlent pas la même langue, et non contents d'être peu nombreux, ils sont pour certains antipathiques ! (soupir) Houlà… je suis bien sombre, moi, aujourd'hui. Quand je pense que, dehors, je le vois par ma fenêtre, une autre planète m'attend, un voyage dans le temps permanent, une fascination… Allez Sarah, va chercher cette énergie nécessaire à faire sortir tes enfants aujourd'hui ! Allons marcher sur les bords du Taedong, prenons le minibus, allons chercher du pain, n'importe quoi, mais sortons d'ici !

Un air qui colle à la peau

TEA IN THE SAHARA_The Police

L'été avait chassé le doux printemps, et l'air chargé d'eau était devenu palpable et collait à la peau. Trois pas faisaient couler la sueur entre les omoplates.

« En fait, ironisa Maxime, ici, il fait trop froid en hiver et trop chaud en été. C'est super comme pays !

– C'est humide aussi », ajouta Colin, avec des cernes gris sous ses yeux bleus !

Sur la route, les bœufs tiraient les chariots, les seaux se tenaient en équilibre sur les épaules des paysans. L'air semblait se matérialiser au-dessus de l'asphalte. Les grands chapeaux en paille, les rizières touffues et l'air chargé de chaude humidité, le tout donnait des ambiances de Sud-Est asiatique.

Quentin et Chol aimaient ces moments où ils pouvaient échanger des banalités :

« Alors, démarra Quentin, quelles sont les derniers *gossips* de la capitale, Chol ?

– Notre Maréchal a inauguré les nouveaux parcs d'attraction. Toute la ville est tournée vers le loisir. Les Coréens sont très contents.

– L'herbe est verte sur le chemin depuis une semaine. En est-il de même sur les fermes ?

– Oui, affirma Chol, c'est l'opulence et le ministère est très très satisfait de nos travaux.

– Ah, si le ministère est content, eh bien, je le suis aussi. En tout cas, l'air nous colle à la peau. Il va faire chaud tout l'été ?

– Plus, beaucoup plus. Après, il fera humide.

– Mais il fait déjà salement humide ! »

Tels les chacals dans le désert, les Pirmil sortaient le soir venu, tant la chaleur était suffocante la journée et rendait les nuits collantes. Le ventilateur, dérisoire, s'arrêtait la plupart du temps en pleine nuit suite aux coupures d'électricité… sans redémarrer.

Tout le monde se traînait et il n'y avait pas de rémission la nuit. Sarah et Quentin avaient même regardé le prix des climatiseurs pour se rendre compte que c'était hors d'atteinte.

Dans les fermes, le mélange soleil et humidité faisait des miracles pour les cultures qui enfin prenaient un bel essor. Une construction était envisagée, ce qui amena Quentin à appeler Daniel :

« Les choses avancent bien. Mais c'est terrible, cette chaleur ! Toi qui as vécu là, c'est comme ça tout le temps ?

– C'est que le début, après ça va être pire. T'auras la mousson, et de la chaleur par-dessus.

– C'est vraiment paradisiaque, ce pays ! Bon, la journée, d'accord, mais la nuit, on récupère pas, c'est pas possible.

– Elle ne marche plus, la clim' ?

– La quoi ? »

Il revint fébrile à l'appartement. Une plaque de polystyrène était posée sur le mur et jamais Sarah ou lui n'avaient imaginé que ce pût être un climatiseur.

Ils déchirèrent assez sauvagement le polystyrène et mirent sur *on*. Dans un bruit d'ouragan, la vieille climatisation de confection chinoise démarra, produisant du froid ! Oh ! Miracle de la technologie ! Quentin pensa qu'ils perdraient au passage une poignée d'années d'espérance de vie, à cause de la quantité sans nul doute substantielle de poussières de charbon et de quelques microbes qui avaient eu le temps de proliférer dans le système, mais la satisfaction fut immédiate et tangible. Le fameux « Un tien vaut mieux que deux tu l'auras » l'emporta une fois de plus sur la prudence et la vision au long terme.

« Étrange nature humaine, remarqua Quentin, une cigarette dans une main et une bière dans l'autre, en partageant ses réflexions avec sa femme.

– Oui et si on devait penser à la poussière du chauffage que l'on aspire à longueur d'hiver…

– Trois ans de moins, c'est le minimum.

– Ça coûte cher, l'expérience Corée.

– Oui, mais plein de gens vont nous l'envier, cette expérience.

– Ou pas !», ajouta Sarah, qui aimait bien avoir le dernier mot, ce que lui fit remarquer Quentin.

Après nous, le déluge.

A HARD RAIN'S GONNA FALL_Bob Dylan

Chol venait de le prévenir qu'il allait pleuvoir fortement le lendemain. Intérieurement, Quentin pensa qu'il devait faire un tennis sans plus attendre et il envoya immédiatement un sms à Nico, avant de comprendre que Chol parlait travail. Apparemment, ce n'était pas de la pluie de petit bourgeois qui allait tomber, mais bien de la grosse pluie stalinienne, de celle qui gorgeait totalement d'eau les terres les plus profondes jusqu'à les faire vomir du H en double et de l'O.

Ils contactèrent la ferme, et faute de mieux, leur donnèrent pour consigne de creuser des tranchées profondes autour des champs inondables, voire, s'ils ne savaient pas comment employer une centaine de personnes pendant quelques jours, de labourer un peu entre les rangs pour que l'eau soit absorbée par la terre sans trop ruisseler. Car chaque année, le même drame se produisait dans le pays. Des crues terribles emportaient la couche superficielle du sol avec l'ensemble de ses matières fertiles. La déforestation accélérait et amplifiait le phénomène.

Il devenait décidément urgent de jouer au tennis avant le grand déluge. Les dernières instructions données pour le lendemain, Quentin envoya un sms à Nico, qui était lui-même dans les *starting blocks*. Les raquettes se trouvaient par anticipation dans le coffre de la voiture. Ils étaient prêts. Ils démarrèrent sous un ciel menaçant.

Dans un air presque palpable, Nico et Quentin frappaient la balle comme dans un aquarium. Ils burent leur poids en eau pour le perdre aussitôt. Il n'y avait plus de trace de transpiration sur les tee-shirts, tant ils en étaient gorgés.

Après une partie agréable, quoique déséquilibrée, Quentin sortit du court, avec Nicolas sur ses talons. Il la reconnut immédiatement, appareil photo miniature autour du cou, les cheveux coiffés en boucles comme la Grand-Mère, un air pincé et sévère : les matrones de la révolution.

« Tu as vu, Nico, souffla le Français, notre admiratrice est là, à nouveau, avec son appareil !

– Mais c'est fou, déjà la dernière fois, puis avant-hier au resto ! Ils préparent un album-souvenir, ou quoi ?

– Plutôt des pièces compromettantes ! T'as vu comme je transpire ! »

Alors, avec ce que la sueur intégrale peut supposer de grâce sur un corps pataud, Quentin enchaîna les poses pour gêner l'agent secret : *Penseur* de Rodin, coup droit et smash au ralenti. Un sourire s'esquissa sur le visage sévère de la matrone. Pris au dépourvu, il arrêta ses pitreries. Cette humidité oculaire qu'il avait entreaperçue sous l'uniforme, c'était la preuve que l'humanité est au cœur de tout être humain.

Il conduisit silencieusement jusqu'au compound sous une pluie qui venait de crever le ciel. Il regardait défiler tous ces hommes et femmes au bord du chemin, tantôt courant se réfugier, tantôt marchant résignés. Ils étaient à la fois si loin mais si proches par les joies, les douleurs, les peurs, la mort. Ô humains, ô mes frères et mes sœurs ! pensa-t-il. Qu'avons-nous fait ? N'aurions-nous pas pu utiliser ce temps minuscule passé en voyage intergalactique sur la planète Terre d'une autre manière ?

Après nous, le déluge, Quentin emmena le soir même Sarah au Potong-gang. Cet hôtel, proche des tennis, fut peint en rose absolu, ce qui le faisait ressembler à un déguisement de princesse. C'était néanmoins le meilleur resto de la ville. Au menu : tournedos, gratin dauphinois et le dessert préféré de Renaud, la tarte Tatin ! Il fallait emporter sa propre bouteille de vin et c'est ce qu'ils firent.

« Tu sais pas ce qu'ils m'ont fait hier à la ferme, je t'ai pas raconté ?

– Eh non, avec tous ces tennis, on n'a fait que se croiser.

– Ok, mais je ne te parlais pas de ça. Tiens d'ailleurs, j'ai encore été pris en photo. Eh ouais ! Comme une star !

– C'est déjà la deuxième fois, non ?

– La troisième, avec le resto l'autre jour ! Je commence à être connu. C'est peut-être parce que j'ai refusé de l'essence au directeur de la ferme ?

– Sûrement !

– Je t'avais dit, l'autre fois, que le directeur me demandait souvent de l'essence, qui est normalement à la charge du Comité populaire. Malgré tout, au vu de la sécheresse, et pour éviter que les salariés de la ferme n'arrosent tout à la main, j'avais débloqué quelques tickets de fuel.

– C'est vrai, ce sont des tickets !

– Sur la route menant à la ferme, je vois plusieurs fermes où ils sèment les céréales.

– J'imagine que c'est le moment, dit Sarah, juste entre deux grosses averses.

– Exactement. Eh bien là, on arrive à la ferme, je leur demande alors, avec tout ce bon matos qu'on a apporté, vous avez sans doute déjà fini tous les semis. Alors, le directeur, il prend son air de Droopy et me fait savoir qu'ils n'ont plus d'essence. J'ai demandé à Chol de leur transmettre qu'ils se foutaient de notre gueule, et que, dorénavant, ils n'auraient plus la moindre goutte. J'étais super énervé. Nous faisons ce qu'il y a à faire à la ferme, suivi des essais, réception du matos... et puis assez tôt, pour marquer un peu mon mécontentement, je décrète que l'on va déjeuner. Et là, sur le chemin qui nous mène au sempiternel resto, qu'est-ce qu'on croise ? Le tracteur ! Avec son logo européen. En train de transporter une vingtaine de bonshommes ! Avec des uniformes !

– Avec les papillotes en alu, comme la dernière fois ?

– Non, ils les avaient enlevées. J'ai agressé Chol en lui demandant si notre tracteur servait à transporter des militaires. Il a soutenu que ce n'étaient que les salariés de la ferme. J'ai fait mine de le croire, comme souvent, pour ne pas le mettre mal à l'aise, puis j'ai demandé au chauffeur de faire demi-tour et nous avons déboulé dans la ferme. »

Quentin leur avait fait savoir que le tracteur était propriété de l'Union européenne jusqu'à la fin du projet, et que sa donation en fin de projet était conditionnée par leur bonne utilisation. S'ils avaient été en présence d'un contrôleur européen, ils auraient été contraints de stopper le projet ; c'est en tout cas ce que leur dit Quentin dans sa colère. Sarah étouffa un bâillement :

« Avec toutes ces responsabilités sur les épaules, heureusement que tu peux aller faire un tennis pour te détendre !

– C'est un reproche ou je ne m'y connais pas !, se vexa Quentin. Et puis, si je t'ennuie, on peut aussi ne rien dire, comme ce couple de vieux Syriens derrière toi.

– C'est pas ça, mais pendant que tu étais sur la route, moi j'étais là, dans notre appartement. J'ai lutté pour faire une petite sortie avec les enfants, pour acheter des pâtes. Ils ont tellement traîné des pieds que je suis revenue tout de suite après.

– C'était à l'Argentin ? Tu te rappelles la première fois ? fit Quentin en espérant détourner une conversation qui le mettait mal à l'aise.

– Oh oui, la déception de l'Argentin, se souvint Sarah, qui souhaitait elle aussi apaiser leurs échanges. Comme j'imaginais la petite boutique avec du parquet au sol, avec un vieil Argentin qui te sort une chouette petite bouteille de derrière les fagots. Et là ? Un énorme hangar, avec des néons affreux, de la bidoche congelée, des Sprite périmés et trois cents bouteilles du même vin.

– Oui, mais argentin.

– Eh oui, argentin », admit Sarah, avec un soupir.

À côté d'eux, un groupe de Russes parlait fort, mais, les yeux dans les yeux, les deux Français étaient seuls au monde. Plus de Russes, plus de Corée. Le ciel craqua, s'ouvrit en deux et déversa des outres géantes gonflées d'eau sur la terre sèche, dégageant cette odeur universelle de terre sèche arrosée, l'odeur préférée de Quentin en ce monde. Ils profitèrent encore un peu de ce beau moment, puis ils rentrèrent, avec le nez collé au pare-brise pour voir à travers un déluge qui dura pendant cinq jours et cinq nuits.

Copacabana Korea

VAMOS A LA PLAYA_Miranda

Il s'arrêta de pleuvoir le vendredi soir, ce qui est assez rare pour être souligné et un grand soleil emplit l'air d'une vapeur d'eau qui le rendait irrespirable. Une chance folle car c'était LE grand week-end pour les Français.

« Les enfants, on va à la mer ! dit Sarah à Maxime et Colin, un peu apathiques.

– On va pouvoir regarder TV5 Monde à la plage ?

– Les gars, on va à la plage ! En Corée du Nord ! On va traverser le pays d'ouest en est, huit heures de route. Et puis on va dormir là-bas ! C'est la première fois qu'on va visiter du pays !

– Non, la deuxième, on a été à Nampo.

– Oui, c'est vrai.

– Et c'était déjà la plage.

– Oui.

– Et c'était pas super.

– C'est vrai. Mais là ça sera complètement différent, c'est l'autre côte, la côte est, et puis on va dormir là-bas, ça sera la première fois qu'on part à l'intérieur de la Corée.

– Oui bah, dit Maxime, je préférerai qu'on parte DE Corée.

– Hum, je vois. C'est bientôt. Mais là, en attendant, dit Sarah gentiment, mon grand fils, le minibus nous attend pour l'aventure ! »

Le parking de l'immeuble fleurait bon le départ de vacances d'août pour Palavas. Les collègues coréens avaient troqué leurs uniformes pour des tenues sport : bas de jogging qui font *zwip !* en marchant, bananes, polos et chemises du dimanche, lunettes de soleil et bobs. Monsieur Ri, Chol, monsieur Kim, Kim-*Rivers* fumaient en riant. Yuri et Ivana souriaient côte à côte, face au soleil. Madame Yun brillait de crème solaire, afin de conserver son teint de porcelaine, conforme aux normes. Monsieur Rim apportait la dernière glacière avec son air éternellement satisfait. Les Pirmil complétaient la joyeuse compagnie, bermudas, casquettes Spiderman et Bob l'éponge, lunettes de soleil et bandes dessinées sous le bras.

Le coffre implosait de trente kilos de viande crue, d'une demi-tonne de riz cuit, de barbecues à gaz, de parasols et de petites valises.

L'itinéraire, les futurs lieux de visite et les pauses pipi, parfaitement jalonnés, étaient pourtant ignorés des Européens, qui, comme à l'accoutumée, se laisseraient conduire comme des enfants. Monsieur Ri, d'une manière ou d'une autre avait organisé leur séjour. Avec qui ? Comment ? Nul ne le savait.

Le minibus, bondé, démarra en musique pendant que gâteaux, bonbons et fruits jaillirent des sacs. Colin était assis à côté de madame Yun, la sévère administratrice du bureau. Tous deux étaient silencieux.

Les discussions s'engagèrent dans l'exiguïté de l'habitacle, alors que défilait un paysage de collines verdoyantes, piquées de pins altiers et parsemées de fleurs mauves.

« Ça, c'est un paysage que mon grand-père aurait adoré. Il aimait la forêt, les ruisseaux serpentant au travers des bois, la mousse, les fougères abritant des champignons couverts de rosée…, dit Quentin, soudain poète. Ah ça y est, monsieur Kim a envie de faire pipi ! » ironisa-t-il quand Kim-*Rivers* arrêta le minibus dans une modeste aire de stationnement.

Colin sortit à la suite de madame Yun, qui lui dit quelques mots en français à voix basse. Et Colin lui donna la main.

Le temps pour six Coréens de fumer un paquet de cigarettes, ils remontèrent dans le minibus.

« Eh bien, quand je vois comment elle nous parle à nous ! dit Chol en montrant Colin et madame Yun à Quentin et Sarah.

– *CHOL DOMOU !* » fit monsieur Kim en imitant le ton sec et froid de madame Yun, ce qui fit pouffer tout le monde.

Quelques kilomètres plus loin, ils traversèrent le tunnel le plus effrayant du monde, sans lumière, creusé dans la roche. De lourdes gouttes rebondissaient sur le pare-brise avec des bruits de carlingue. La sortie coïncida avec une évolution du relief : d'âpres aspérités de pics austères dégageaient une puissance tellurique presque étouffante. En contrebas, de généreux ruisseaux irriguaient de belles vallées.

La torpeur avait gagné l'habitacle. Depuis le lecteur mp3 de monsieur Ri qui somnolait, on distinguait *sweet dreams* de Eurythmics. La glotte de l'officier de liaison, quoique toujours proéminente, était au repos. Monsieur Kim lisait le numéro de mars de *Défense et Sécurité Internationale*, qui avait déjà été dévoré par monsieur Ri, et qui avait été commandé spécialement au dernier expatrié venu de France.

Chol avait la tête qui balançait et les bras croisés. De sa bouche ouverte sortait un petit souffle, témoignant de la profondeur de son sommeil. Kim-*Rivers* était sans doute le seul Coréen éveillé, en attestait ses virages pris en pleine montagne avec un véhicule désuet à 120 km/h. Madame Yun, avec sa casquette rose et sa barrette dans les cheveux, dormait appuyée sur la vitre, ce qui occasionnait un léger choc sur son crâne à chaque cahot. Colin dormait lui aussi, la tête contre l'épaule de madame Yun. Maxime, les sourcils froncés, dévorait sa huitième BD du voyage, un *Ragnarok* de l'excellent Boulet. Sarah ne dormait pas et rendit à Quentin un sourire plein d'amour. Monsieur Rim, maillot jaune des bruits de bouche devant l'Éternel, dormait lui aussi la bouche ouverte.

C'est lui qui, plus tard, quand le temps se fit long, chanta *Toreador prends garde, O sole mio* et l'inénarrable *Internationale*. Ils arrivèrent à Wonsan en musique.

Moins deux étoiles

PSYCHOSE_Bernard Herrmann

Des couloirs interminables recouverts du sol au plafond d'une moquette douteuse, un ascenseur qui servait de stockage pour les pommes de terre, absence d'eau dans les tuyauteries, papier peint décollé : l'hôtel de Wonsan fleurait la décrépitude et l'entretien négligé. Quant au restaurant, « mieux vaut manger ailleurs », dirent diplomatiquement les collègues coréens, qui menèrent la troupe à un restaurant au bord de la mer.

Devant les yeux ébahis des Européens, se dressait un resto de plage, avec son toit en canisses et ses barbecues de poisson. Sarah insista pour que le dîner se fit les pieds dans le sable, ce qui, dans la plupart des pays du monde est synonyme de décontraction, mais qui n'avait pas été initialement prévu dans le protocole de leur périple. Monsieur Ri accepta néanmoins. Les uns et les autres parlèrent de leurs enfants, quelquefois de leur femme. madame Yun parla peu, exclusivement avec Colin. Les bouteilles de bière s'enchaînaient. Quelques imitations de monsieur Ri et Yuri firent rire étrangers et Coréens de concert. Les enfants aussi purent parler. Tous partirent à l'assaut d'un barbecue géant, où les fines lamelles de filets relevées de sauce soja rouge, côtoyaient des tentacules de calamar marinés à l'ail. Monsieur Ri avait également demandé des coquillages cuits à l'étouffée avec un mélange d'herbe. Les baguettes cliquetaient aussi dans des salades piquantes et fraîches de plusieurs types, choux arrosé de sauce rafraîchissante qui explosait dans la bouche, julienne de concombres et courgettes, pousses de soja et champignons noirs au piment et au gingembre. Le tout se mariait parfaitement à des *Taedonggang* glacées qui tapissaient parfaitement le doux feu de l'assaisonnement.

À l'est d'Éden

ROLLIN' ON THE RIVER_Creedence Clearwater Revival

Les fortes pluies de la semaine précédente avaient raviné les bords des rivières, emportant les cultures de maïs. Des portions entières de champs alentours et certaines habitations avaient elles aussi été emportées par les flots, ainsi qu'un pont.

« C'est comme ça tous les ans ? demanda Ivana à monsieur Ri.

– Plus ou moins. Mais cette année, c'était fort.

– Il y a eu des victimes ? demanda Sarah.

– Oui, une jeune fille », répondit Ri.

Au détour d'une montagne, la mer du Japon, oh pardon ! la mer de l'Est, scintillait dans un écrin ocre depuis leur promontoire. On devinait la fraîcheur de l'eau et la chaleur du sable blanc dans la mollesse des flots qui venaient lécher les rivages. Il descendirent de la montagne pour se rapprocher du rivage et découvrirent des dizaines de kilomètres de barbelés qui faisaient comme une immonde cicatrice dans le paradis.

« Quelle déprime, chuchota Quentin à Sarah.

– Derrière les barbelés, ouais, c'est la plage ! »

Ils quittèrent les barbelés en arrivant à Hahmung et ses bungalows sur la plage.

« Génial, le bruit des vagues, quand on le retrouve, on se rend compte à quel point ça nous manquait ! »

Le sable blanc, les parasols, les groupes jouant au foot, des maillots de bain surgis des années cinquante, les matchs improvisés de volley, puis les barbecues. Après une baignade salutaire dans une eau limpide et à 25°C, Quentin laissa l'air piquant sécher le sel sur sa peau frissonnante.

« Waow, c'est frais, c'est bon. Yes !

– Extra. Regarde le groupe, là. Ya rien qui te surprend ?

– Ils ont tous le même calbute !

– Oui, toute l'équipe en caleçon moulant et violet. C'est mignon ! »

Toute l'équipe se retrouva sous un grand parasol rouge et jaune, sur les nattes de paille de riz.

Quatre kilos de viande furent grillés, accompagnés de… deux concombres. Ce fut une orgie de protéines et de bières. Les dernières tranches de bœuf furent avalées et les Coréens sortirent un paquet de cartes et entamèrent un jeu ésotérique, accompagné de plusieurs dizaines de cigarettes. Plus tard dans l'après-midi, on organisa une rencontre de pétanque Zone Europe *vs* Corée du Nord et la journée se conclut par un match de volley-ball. Cinq kilos de viande furent sacrifiés ce même soir sur l'autel des vacances. Les quelques moustiques ne parvinrent pas à gâcher la fête.

Colin et Maxime étaient couchés après une journée à rire, à courir et à nager, les jeunes parents chuchotaient dans la pièce principale.

« T'as vu nos fils, comme ils sont bien. Ils ont ri plusieurs fois aujourd'hui. Ça faisait longtemps que ça n'était pas arrivé, dit Sarah.

– Oui, c'est un peu comme le bruit des vagues. On ne s'apercevait même plus à quel point ça nous manquait.

– Des enfants doivent rire, avoir des copains, pouvoir aller au basket, faire de la musique, apprendre à l'école… »

Quentin se leva tôt le lendemain matin, pour aller marcher sur la plage. Planté dans le sable, un panneau en bois indiquait qu'il était interdit d'aller plus loin. Quentin se jeta dans l'eau et sa fraîcheur le réveilla comme seul sait le faire un bain de mer. Les chairs raffermies, il s'allongea au soleil, en se laissant bercer par le ressac. Il aurait pu être à Copacabana à ce moment précis.

La journée se passa entre Monopoly, une visite d'un temple plus ou moins bien restauré, quantité de viande ingurgitée et baignades.

Le soir, ils s'installèrent plus tard que la veille sur la plage. Quelques parasols étaient encore dressés et la viande grillait en divers endroits. La soirée se passa dans la bonne humeur, malgré un taux protéique contre-indiqué dans la prévention des risques cardio-vasculaires. Les moustiques, à la nuit tombante, s'activaient sur les chevilles d'humains. Une lampe torche s'approcha du groupe. Derrière, un garde, un policier, en tout cas un type en uniforme, qui leur cria des choses pas forcément agréables, en leur éclairant le visage les uns après les autres. Les Coréens, sans un mot, se hâtèrent pour plier le reste des agapes en moins de temps qu'un vendeur à la sauvette dans le métro parisien.

Le lendemain, ils quittèrent les bungalows et se rapprochèrent de la frontière, du sable dans leurs pantalons.

Ils traversèrent un couloir de barbelés sur des kilomètres. À droite, la Corée du Sud, enfin plutôt une montagne sauvage qui n'avait pas vu de présence humaine pendant des décennies. À gauche, la Corée du Nord. Une barrière. Une autre. Au bout de quatre kilomètres, une barrière, avec des militaires. Quelques mots échangés, puis le minibus se fraya un chemin vers une plage de sable blanc sauvage, bordée de pins.

« Sans doute le plus bel endroit que j'ai vu ici, dit Yuri, en enlevant ses chaussures.

– Il fait chaud en plus. Merci, Monsieur Ri, vous avez dégoté le plus bel endroit possible pour nager ! enchaîna Ivana.

– Par contre, il n'est pas possible de se baigner ici, fit monsieur Ri en regardant les enfants qui étaient déjà en culotte, le maillot de bain à la main.

– Quoi ? Mais pourquoi ?

– Vous voyez là-bas sur les rochers ?

– Non.

– Les petites cabanes sur les rochers, vous voyez, Monsieur Quentin, ce sont des garde-frontières du Sud. C'est dangereux

– Je ne vois rien. Mais on peut pique-niquer, quand même ?

– Désolé, c'est impossible.

– Bon, ben, on part, siffla Quentin, mécontent. Autant ne pas trop donner envie aux enfants ! »

Ayant quitté cet endroit féerique, ils s'arrêtèrent autour d'un lac. Chol se dirigea vers un endroit assez peu agréable en-dessous d'un bâtiment.

« Chol, allons plutôt sous les arbres, ça sera beaucoup plus sympa, non ? proposa Quentin.

– On m'a dit que ce serait le meilleur endroit par ici.

– Tu sais, Chol, dit Quentin, fixant son traducteur dans les yeux, il ne faut pas croire tout ce qu'on te dit... »

Encore six kilos de viande et il fut temps de rentrer à Pyongyang.

Flash spécial

LA VINGT-CINQUIÈME IMAGE_IAM

De retour à bon port, Quentin alluma son ordinateur et tomba sur plusieurs e-mails paniqués de son père et de différents copains concernant les dramatiques inondations qui avaient eu lieu en corée du Nord. Après avoir vérifié le décalage horaire, il appela aussitôt ses parents pour les rassurer.

« Ah, enfin. Ah là là ! Qu'est-ce que je suis rassuré de vous avoir ! Il paraît qu'il y a des dizaines de morts par chez vous. Vous n'avez pas été bloqués ? Vous n'êtes pas inondés ?

– On était dans la montagne tout ce week-end, je suis désolé de ne pas vous avoir prévenus. Apparemment, c'était surtout dans la plaine, d'après ce que je vois sur Internet, parce qu'ici, on n'est pas, mais alors pas du tout informés. Mais ce qui m'étonne, c'est que notre équipe nous a dit qu'il n'y avait qu'un seul décès. Tu me diras, ils en savent certainement moins que toi qui es en France !

– Ils font sans doute allusion à la fille qui a risqué sa vie pour sauver une photo du Charmant Leader, ça circule un peu partout dans les médias en ce moment.

– Ah, tu as entendu parler de ça ? Nos collègues étaient très fiers de nous raconter qu'elle était morte après avoir été chercher le portrait de Kim Jong-il dans les décombres de sa maison ! »

Extinction des feux dans une minute

BLACK MATH_The White Stripes

« Papa, j'ai faim ! » dirent Colin et Maxime en chœur.

Avec ces histoires d'inondations, ils avaient oublié le dîner. Le frigo était vide comme un œil frontiste de Béziers, alors, direction le centre-ville. Toujours friande de nouvelles adresses à découvrir, Sarah avait repéré un resto dans la zone des nouveaux immeubles. Le lieu était assez agréable, intérieur bois, tables formica. Pas mal de monde en train de faire *slurp !* Une discussion démarra entre les parents et les enfants qui râlaient parce qu'ils auraient voulu rester à l'appartement. La patronne s'approcha de leur table :

« Bonsoir, vous êtes français ? » dit-elle dans la langue de Molière.

Sarah et Quentin sursautèrent de surprise.

« Bonsoir, c'est possible de dîner ? demanda Quentin.

– Désolée, comme vous voyez, il n'y a que des nouilles froides ce soir.

– Même pas de *Om Raïssou*, ou de *Kim Bap* ?

– Non, désolée. »

Ils détestaient tous les nouilles froides, c'était dimanche et les enfants étaient chafouins et affamés. Ils changèrent de lieu à grand regret, car ils étaient dévorés par la curiosité devant cette femme qui parlait si bien le français. Ils revinrent plusieurs fois par la suite, sans jamais plus la revoir.

Ils avaient décidé de rejoindre un autre restaurant dans un quartier lointain, une valeur sûre pour un dimanche soir. Ils roulaient depuis deux kilomètres quand toute lumière s'éteignit. Un noir épais et total.

Tout était éteint dans la ville : les lampadaires, les monuments, même les fresques ! Les enfants crièrent à l'arrière :

« Papa, maman, c'est tout noir !

– On a vu les enfants, enfin, je veux dire, c'est rien, ça va revenir.

– C'est une coupure de courant ?

– Sûrement, sûrement », fit le père moyennement rassuré en fixant Sarah dans les blancs des yeux car c'est tout ce qu'il voyait.

Iiiiiiiiii. Quentin avait appuyé brusquement sur le frein.

« Oh le con ! Il m'a fait peur ! »

Un barrage. Un agent de la circulation les arrêta. Autour, des voitures le long de la route. Dans la lumière des phares, ils aperçurent les volets des appartements tirés et les rues vides. Le flic braqua sa lampe torche sur les occupants de la voiture, puis sur la plaque, bleue diplomatique, puis avec cette même torche, leur fit un signe agacé de circuler. Plus proche du restaurant que du compound, ils décidèrent de continuer, malgré une visibilité plus que réduite.

« C'est moi ou en plus, ya du brouillard ?

– Reste concentré sur ... Attention ! Stop ! »

Un autre barrage. Re-lampe torche, re-circulez.

« On est où ?

– Oh là là, je crois qu'on a raté la route principale.

– C'est déjà pas joyeux avec de la lumière... Là en plein trou noir. C'est fou cette absence absolue de lumière ! »

Quentin évita de justesse le trottoir.

« Essaie de retrouver l'avenue principale. Il faut prendre à droite, je crois, suggéra Sarah.

– T'es sûre ? J'aurai pris à gauche. J'ai l'impression qu'on est la seule voiture à circuler de toute la ville.

– On dirait *Je suis une légende,* tu sais, le film.

– Oui je sais, dit Quentin, avec Will Smith, que tu trouves super beau *gna gna gna !*

– Oui, bon. En tout cas, tout le monde s'est arrêté. Si on n'avait pas notre plaque bleue, on aurait dû s'arrêter. En pleine nuit, en plein Pyongyang.

– C'est la guerre, papa ? demanda Maxime.

– Je... je crois pas. Ce doit être un exercice.

– J'espère pas que c'est la guerre. Déjà, c'est nul et puis, on nous verrait tout de suite de là-haut, vu qu'on est la seule lumière.

– Là ! À gauche ! Prends à gauche, c'est la route. »

Avec un immense soulagement, ils reconnurent la route du restaurant.

« Ouf ! Ça y est, les fils ! On est arrivés au resto, on va être à l'abri et arrêter les phares de la voiture.

– Alors, Papa, c'est la guerre ou pas ?

– Est-ce que les Américains, ils vont nous attaquer ? dit Colin.

– Mais non, les gars, les Américains, ils ne nous veulent pas de mal ! »

Les volets du restaurant étaient fermés et ils durent frapper à la porte pour qu'on leur ouvre. L'intérieur du restaurant, qui faisait presque salle comble, avait pris des allures de maquis, avec des petites bougies allumées. Les convives parlaient gaiement, malgré la coupure de courant.

« Vous voyez les gars, tout est normal, les gens sont contents d'être là en train de dîner. Ça devait être une alerte. »

Le lendemain matin, en arrivant au bureau, Quentin fondit sur Ri :

« Vous auriez pu nous prévenir ! Vous étiez au courant qu'il y aurait une alerte, non ?

– Je suis désolé, Monsieur Quentin, nous l'avons su trop tard.

– Vous vous rendez compte, on était en ville, on aurait pu paniquer, tenter de se rendre à l'aéroport, fit-il en exagérant quelque peu. Il faut nous parler, Monsieur Ri. Et puis, pour un exercice, ça sert à rien s'il y a un imbécile de Français dans sa voiture diplomatique qui circule. On devait voir que nous depuis le satellite, conclut-il, pour le faire rire et passer à autre chose. Monsieur Ri rit, et ils passèrent à autre chose.

« Bon, pour vous faire pardonner, vous pourriez peut-être nous organiser une petite visite culturelle. Vous savez, Sarah vous avait déjà parlé du ballet plusieurs fois. Et puis, on va bientôt partir...

– Oui, Monsieur Quentin, nous allons voir. »

À midi, Quentin remonta les escaliers quatre à quatre. Plus que quelques semaines avant la fin de son contrat. Un petit pincement au cœur accompagné d'un grand plaisir de retrouver le pays. Il trouva la famille affairée à ranger ses affaires.

« Ça y est Papa, on prépare le voyage.

– Déjà ? C'est que dans trois semaines !

– Oui, mais on a trop hâte ! dit Colin.

– En tout cas, cet après-midi, c'est visite. Et demain aussi. Métro, studios de cinéma et musée de la Guerre (*youhou !*) »

La guerre en Technicolor

LE SOLDAT ROSE_M

« *C'est alors que le régime fantoche de Syngman Rhee, à la botte de l'inique Roosevelt, engagea ses troupes, pendant que l'armée impérialiste américaine attaquait lâchement les défenses du vaillant peuple coréen, guidé par l'infaillible...* »

Quentin décida que les enfants avaient assez entendu de ce petit film dit d'époque. Ils étaient, comme de coutume, les uniques visiteurs du musée, ce qui leur permettait d'adapter toutes les traductions des excellents documents multimédias présentés.

Ils suivirent la très jolie, mais néanmoins militaire, camarade guide du musée, immortalisée par le photographe Éric Lafforgue. Cheminant entre les cartes de mouvements des troupes et les documents d'archive, elle leur fit visiter le rez-de-chaussée avant de descendre à la cave où étaient exposées les prises de guerre aux Américains : avions de chasse, blindés, chars. Les enfants eurent l'autorisation de monter dans un blindé, ce qui les remplit de joie. La camarade guide leur montra alors une reconstitution de la prise de l'USS Pueblo, qui était à ce jour l'unique bâtiment de guerre américain détenu par un pays étranger. Elle montra la lettre de capitulation écrite et signée par le commandant du navire et toutes les photos de l'équipage capturé, qui firent la fierté de l'armée nord-coréenne. Les enfants faisaient *pchiou! pchiou!* avec la mitrailleuse du blindé pendant qu'elle nous disait avec sérieux le nombre de tanks américains capturés.

« C'est à moi d'être à la place du conducteur maintenant. Mais, Maximeuh !

– Bon les enfants, on descend du blindé américain.

– Oh non ! dit Maxime, on veut continuer à tuer des communistes !

– Ah ah ah ! rit le papa, gêné. Heureusement que votre père est un peu plus diplomate que vous, pas vrai, Chol ? »

Chol riait lui aussi.

« Oui, mais toi, tu es un espion, donc c'est ton métier d'être discret ! »

La guide leva un sourcil et sembla demander à Chol ce qu'il racontait. Il lui fit un signe de la main pour lui dire qu'il disait des bêtises, puis alluma une cigarette, le musée de la Guerre à Pyongyang était peut-être l'uniques musées fumeurs au monde.

Ils pénétrèrent dans une pièce sombre.

« C'est là qu'on nous prend en otage, Chol ?

– Oui, mais on ne garde pas les enfants ! »

Ils s'assirent et un rideau s'écarta. Une voix ressemblant à celle de la TSF de l'époque sortit d'une enceinte :

Le 23 juillet 1952, dans le col…

Devant eux, un décor de carton-pâte figurait une scène de guerre, avec des soldats en plastique, des jouets représentant des jeeps et des chars d'assaut. Certains petits soldats étaient unijambistes ou manchots. Des aiguilles de pins collées sur des allumettes figuraient les arbres. Des explosions retentirent, matérialisées par des ampoules s'éclairant et s'éteignant. Les enfants aimaient bien. Une voix enregistrée racontait que « *les imposteurs inféodés à l'armée impérialiste étaient en train de pilonner l'héroïque armée socialiste luttant pour la révolution du peup…* » Coupure de courant. Coutumiers du fait, les visiteurs étaient en train d'attendre sagement que le courant revienne.

Quand la camarade guide revint avec une lampe torche, ils comprirent que le musée ne possédait pas de groupe électrogène. Les enfants étaient déçus, forcément.

Le courant revint, mais le temps manquait pour finir le Technicolor. Ils montèrent plusieurs escaliers et parvinrent à une pièce circulaire recouverte de dessins peints à la main. Une petite plateforme en fer leur permis de regarder à 360° un décor de bataille, avec perspective et tout. Quarante mètres de circonférence, sans doute plusieurs tonnes de peinture, des dizaines de pinceaux, des milliers d'heures, des mètres cubes d'eau...

(On nous prend pour des) Zozos dans le métro

MON MÉTRO_Anis

Après cette débauche martiale, ils eurent l'honneur de descendre dans le métro de Pyongyang. Une descente d'une centaine de mètres sous terre, avec un Escalator qui n'a pas stoppé une seconde. Ils arrivèrent dans une station recouverte de mosaïques représentant des camarades paysans, heureux de ramasser du maïs, des camarades ouvriers, très très heureux de construire des trucs en métal et...

« Papa, j'ai envie de faire pipi !

– Tu es sûr mon Colin ? C'est pas trop le moment, là...

– Mais il doit y avoir des toilettes, non ? »

Quentin regarda Chol, un peu gêné, parce qu'il se doutait que ce devait être un peu gênant de sortir du parcours fléché.

« Pas de problème, dit ce dernier. Je vais l'amener.

– Oh non, je veux que ce soit toi, Papa.

– Mon Colin, c'est pas le moment de faire un caprice. Il y a tous ces fig... ces personnes autour de nous qui sont là pour prendre le métro, je veux que tu te comportes bien. En plus, t'as envie de faire pipi, non ?

– Oui.

– Eh ben voilà. Et puis, murmura-t-il à l'oreille de son fils, c'est pas très sympa pour Chol. Pourtant il est super sympa Chol, non ? Il fait gaffe à pas trop te toucher les cheveux, non ?

– Oui, c'est vrai, mais il a un sourire bizarre, un peu.

– Allez, va », dit Quentin à son fils en voyant Chol mettre généreusement sa main dans les cheveux de Colin en l'emmenant faire pipi.

Ils revinrent avec un Colin un peu pâle.

« Ça fait pas beaucoup deux stations, Papa ! Il est plus grand le métro à Pékin, dit Maxime en regardant Chol.

– Oui mais là c'est juste pour qu'on voit, pas vrai Chol ? En réalité, c'est beaucoup plus grand, n'est-ce pas ? »

Chol répondit soulagé, avec un sourire.

« Oui, Quentin, beaucoup plus. Mais ces deux stations sont les plus belles. »

Cher journal,

Ça y est, nous avons dû prendre cette douloureuse décision qui nous pendait au nez depuis quelques semaines. Nous allons partir. Nous allons quitter Pyongyang. Je l'ai annoncé à madame Park tout à l'heure :

« Madame Park ? Nous allons partir, madame Park. *Me*, Quentin et les enfants, partir. »

Et j'ai fait de ma main à plat le geste de l'avion qui s'en va.

« *Ok ok ok. Good. Come back, when?* »
Je me suis surprise à ne pouvoir réprimer un léger sourire, là sur le coin droit de mes lèvres et j'ai répondu :
« *Never. Never, madame Park, we won't come back.*
– *What??? Nooo. Noooo.* »

Et madame Park est tombée en pleurant dans mes bras. Malgré mon envie solide de rester ici, je n'ai pas réussi à partager son chagrin. Partir pour moi voulait dire retrouver une vie de personne libre. J'ai fermé les yeux et j'ai vu des couleurs, des différences. J'ai vu le parvis de Notre-Dame, à Paris, empli de touristes parlant toutes les langues, jouissant de leurs vacances et de leur liberté pour venir à la rencontre d'un autre pays. L'échange, voila ce que j'ai vu en fermant les yeux, ma madame Park dans les bras, si triste de nous voir partir. Et ne jamais revenir.

Maintenant que cette décision est prise, le départ va vite arriver. Nous avons trois semaines pour faire nos valises. Je vais laisser des choses ici, une partie de moi c'est sûr, mais aussi des livres d'enfants en français. Je vais les mettre entre de bonnes mains et j'espère qu'ils trouveront un jour des lecteurs. Avant de partir, je veux aller dans cette nouvelle piscine qui a ouvert ses portes il y a quelques jours seulement. Le delphinarium aussi, je veux y aller. Et je voudrais sillonner Pyongyang, faire des pique-niques dans les parcs, marcher, voir, sentir, absorber. Je vais aussi retourner au magasin numéro 2. La semaine dernière, elles n'ont pas voulu me vendre une timbale de propagande. J'ai insisté, j'ai même pesté un peu, chose que je ne m'étais encore jamais laissé aller à faire. Mais ça n'a pas marché. Je vais feinter et demander de l'aide à Chol. Peut-être qu'à lui, il est coréen, elles voudront bien la lui vendre? J'ai rendez-vous demain chez le coiffeur, je veux emmener avec moi cette coupe inimitable qui me fait la tête en boule et me donne l'air d'une Coréenne de vingt-cinq ans!

Cette fois-ci, ça y est presque.
WRAP YOUR TROUBLES IN DREAMS_Nico

Ce matin-là, Quentin resta longuement accoudé à la terrasse, les yeux dans le vide, avant que Chol, un peu ému, le rejoigne. Il lui mit la main sur l'épaule.

« Allez, Quentin, il est l'heure, le chauffeur est là. »

Le Français prit sa respiration assez longuement et expira.

« Alors, c'est l'heure des adieux à la ferme. J'étais en train de penser à tout ce que j'ai vécu ici. Tu sais, si tout s'est si bien passé, c'est grâce à toi.

– Merci Quentin, je suis très touché. Mais tu as été un bon chef.

– On en a vécues, des choses à la ferme et ailleurs. On s'est bien battus pour faire passer des idées. Tu as été un super soutien. Tu as bien défendu le truc, vraiment.

– Oui j'espère que ça va marcher, j'ai pris des risques sur ce projet.

– Tu le faisais pour les gens de la ferme.

– Oui, mais on m'a demandé si j'étais plus du côté des Français ou des Coréens!

– Tu sais, je suis persuadé qu'on a fait les bons choix et que les résultats seront au rendez-vous.

– Oui, mais toi, tu pars.

– Oui, mais je vais être remplacé.

– Ça ne sera pas pareil.

– Ça sera mieux ! Je ne serai pas là pour faire le chiant !

– Non, sérieusement, Quentin, tu vas me manquer. »

Quentin sentit les larmes monter. Ils se firent une accolade.

« Allez, dit le Français entre deux sanglots, il reste encore quelques jours. »

À la ferme, ils avaient prévu un déjeuner de gala pour le départ du Français. Un poisson entier avec les filets découpés, un *bibimbap* du tonnerre, des pommes, des filets de canard, le tout arrosé d'une bouteille de vin rouge apportée par Quentin. L'expert en élevage prit soudain la parole en soulignant les progrès faits et en regardant Quentin droit dans les yeux, le remercia. Quentin prit la parole :

« Ça va me manquer, fit-il le plus dignement possible, d'aller voir nos essais en haut de la colline, ensemble, de faire le tour des cultures vues d'en haut, de vous engueuler pour avoir déplumé vos truies, de fumer avec vous en parlant du projet ! »

Le directeur rit, mais ses yeux s'embrumaient à l'instar de ceux du Français.

« Restez, dit-il.

– Vous savez, ce projet, j'y ai mis tout mon cœur, mais c'est surtout vous, avec l'aide de tous les employés de la ferme et l'appui de Chol et des experts, qui avez fait le travail le plus important et pris le plus de risques. Moi, je n'ai été qu'un accompagnateur de tout ça et tout ça va continuer, comme tout continue quand on meurt, parce que partir, c'est mourir un peu, s'étrangla le Français, qui se maudit de se donner à lui-même des raisons de pleurer. Vous savez, j'aurais aimé rester un peu plus longtemps avec vous et vos truies. Mais pour ma famille, mes enfants surtout, je dois partir.

– Merci, dit le directeur, je me souviendrai toujours de vous et de la truie qu'on va nommer comme vous. »

Ses lunettes de soleil ne cachaient guère plus ses larmes mais il feignit de sourire. Il ne reverrait jamais plus ces âpres collines où, un jour ensoleillé, ils s'assirent ensemble, une paille à la bouche, pour profiter d'une demi-heure de parfaite harmonie. Il ne verrait plus les salariés de la ferme, marqués par les affres du temps qu'il fait et qui passe, taillés au cutter. Plus de tracteurs hors d'âge, plus de chars à bœufs, plus de cahiers écornés grattés consciencieusement par des crayons usés.

Quand on part, on entame une longue liste de dernières fois. Dernier tennis, où Quentin guetta en vain la venue de sa photographe attitrée, dernier déjeuner sur la péniche, dernier tour de trottinette sur la place derrière le magasin numéro 1, Ah ! Et dernier spectacle. En un soir, une sorte d'overdose, juste avant de partir. Attention, nuance s'abstenir, voici devant vos yeux ébahis…

Le spectacle le plus fou du monde.

WE ARE THE CHAMPIONS_Queen

Arirang. Coup de chance, la saison de ces spectacles démesurés démarrait précisément le week-end qui précédait le départ de la famille.

« Et toi, Chol, tu as participé à Arirang ?

– Non, moi, je n'étais pas un bon élément, dit-il en se tournant, un grand sourire illuminant son visage devenu familier. Par contre, Kim-chauffeur, lui, il a fait « enfant pixel », avec les panneaux. »

Sarah baragouina quelques mots avec le chauffeur, qui secoua la tête avec un grand sourire, se montrant du doigt.

– Arirang, *me small.*

Aux abords du stade, de grands bus déversaient des spectateurs et des figurants du spectacle dans une effervescence contagieuse qui faisait sautiller les Pirmil à l'idée d'assister à ce spectacle hors du commun.

Ils pénétrèrent dans un stade si gigantesque qu'il aurait pu contenir le Parc des Princes. La pelouse, vivement éclairée, prenait des teintes de paysage irlandais. En face d'eux, un énorme écran blanc. Soudainement, une grande vague traversa le mur, faisant naître une gigantesque clameur qui s'amplifiait, faisant dresser les poils des bras. Le mur devint rouge, puis bleu, puis représenta le drapeau de la Corée. À l'aide de jumelles, il était possible de voir les têtes des enfants qui dépassaient parfois de leurs carrés de plastique. Quentin et Sarah imaginèrent des milliers de petits Kim-*Rivers* changeant leurs panneaux en criant. C'est désormais son visage poupon qu'ils mettraient derrière ces milliers de visages autrefois anonymes. Les enfants pixels, à l'âge où Maxime et Colin débarrassaient la table en traînant des pieds, tenaient leur rôle avec une rigueur foudroyante.

Quentin et Sarah demeuraient sans voix, hypnotisés par ces enfants équipés de leur cinquante, soixante panneaux qu'ils devaient tous ensemble brandir bien droit et se cacher derrière. Ensemble, ils formèrent des images hallucinantes de pistolets, de drapeaux, de paysages de montagnes, de champs, pendant que sur la pelouse des milliers de danseurs exécutaient parfaitement leurs danses sur une vingtaine de scènes différentes. Le spectacle leur déclencha des frissons de fascination, mais aussi de dégoût quand des enfants de six ans vinrent réaliser des grands écarts avec des sourires artificiels. Toute l'imagerie constitutive du mythe du pouvoir était là. La lutte contre l'envahisseur japonais, menée de main de maître par Kim Il-sung, la naissance de Kim Jong-il dans une petite cabane du Mont Paektu, la traîtrise des frères du Sud, la guerre, puis la course au modernisme. Les scènes se succédaient, la *Technologique*, matérialisée par des figurants déguisés en écrans et claviers, la *Champêtre*, avec des cochons géants et des pommes dansantes, et la *Kung Fu*, époustouflante. Chol et Kim-*Rivers* paraissaient s'ennuyer copieusement, les enfants étaient aux anges, et leurs parents se débattaient au milieu d'un maelström émotionnel.

« C'est hallucinant, dit Quentin, s'adressant à Chol.

– Il faudrait que nous arrêtions cela.

– Comment ça ?

– Ce spectacle ; ça coûte des fortunes, les enfants ne vont pas à l'école pendant des semaines. Il faut passer à autre chose.

– Ah, oui, peut-être, mais c'est incroyable, cette coordination, c'est d'une puissance !

– Oui, pour faire les choses collectivement, nous sommes les meilleurs. Nous avons bien compris qu'ensemble, nous sommes plus forts. »

Seuls les enfants parlèrent dans la voiture au retour :

« Et quand il y avait le grand cochon qui dansait !

– Ah ouais, c'était trop drôle !

– Et les pommes ?

– Le feu d'artifice, il était trop super !

– Et quand la dernière image était un portrait de Kim Jong-il et Kim Il-sung, c'était incroyable, non ? dit Quentin.

– J'ai préféré le Kung Fu, dit Sarah.

– Quand il faisaient *HA!* Tous ensemble ? Ah oui, c'était trop trop bien, dit Maxime.

– Bon, vous voyez qu'il y a des trucs bien en Corée, dit Quentin à ses fils, une fois rentrés à l'appartement.

– Oui, mais quand même, on part, hein, Papa ?

– Il faut qu'on parte Papa, c'est vraiment naze, ici.

– Oui, bon, ben, ça va, on part, vous inquiétez pas. C'est dans quatre dodos, dont celui-là. »

Plus que trois dodos

ROCK AROUND THE BUNKER_Serge Gainsbourg

Le RAC avait été rouvert exceptionnellement pour le départ de la petite famille et de trois autres Français. Or la dernière fois que des Français avaient fêté leur départ, le lieu avait été fermé pour presque un an. L'équipe responsable du bar avait reçu nombre de mises en garde et souhaitait tout contrôler et surveiller pour que tout se passe comme une boum de sixième, avant que les enfants ne découvrent la transgression à travers divers produits.

« Pas de déguisement, pas de surprise tordue. S'il y a des diaporamas, on veut qu'il n'y ait aucune photo compromettante, leur avait dit le responsable. On ne veut pas de problème. De toute façon, c'est ça ou vous ne pouvez pas faire votre soirée. »

Comme ils pensaient avoir bien mérité de sauter dans les bras de leurs coreligionnaires, les Français acceptèrent les conditions sans rechigner.

Les larmes contenues échappèrent à Quentin lorsque ses deux fils sautèrent dans les bras tendus, puis furent portés à l'autre bout de la pièce. Les expatriés firent décoller Sarah d'un mètre au moins, qui cria :

« Hiiiiiiiiiiiiiiiiiah ! »

Dansant sur le bar pour faire durer le plaisir, Quentin fit intérieurement deux listes :

Ils n'avaient jamais, mais alors jamais pu :

- Prendre le tramway, le métro ou le bus, ou le taxi,
- Acheter son pack de *Taedonggang* avec une carte bleue,
- Boire un coup sur une terrasse en parlant politique avec les locaux,
- Acheter un pin's comme ceux de ses collègues,
- S'arrêter à l'improviste au bord de la route,
- Déposer les enfants à l'école et venir les chercher après le boulot,
- Aller boire l'apéro chez des collègues coréens.

Et les choses qu'ils avaient pu faire contre toute attente :

- Manger de la raclette suisse,
- Jouer au Monopoly et au golf,
- Nager avec un crocodile (avec Colin et Maxime) dans une eau à 16°C,
- Monter pour la première fois de leur vie dans un restaurant tournant,
- Se faire prendre en photo par une femme inconnue,
- Parler un même soir avec des Sri Lankais, des Népalais, des Égyptiens *i tutti quanti,*
- Acheter des spaghettis en quatre monnaies différentes,
- S'extasier devant une baguette de pain,

- Prendre une journée entière de week-end pour faire des courses, et avoir à manger pour deux jours,
- Acheter un tank pour enfant fabriqué avec des douilles de balles de fusil,
- faire de la trottinette place Kim Il-sung.

Cette fois, ça y est.

RAMBLE ON_Led Zepellin

La veille, ils avaient bu l'apéro dans la cuisine du bureau, dans une ambiance passablement triste. Sarah dit à ses « amis coréens » qu'ils devaient bien se rendre compte du « nombre de gens dans le monde qui souhaiteraient les connaître », qu'ils n'étaient pas tout seuls et qu'il « y aurait toujours quatre Français de l'autre côté des océans qui penseront à eux ». Les yeux brillèrent, des verres furent avalés pour cacher l'émotion, et des cadeaux bouleversants leur furent offerts, pour sceller cette étrange amitié, car c'en fut une, à sa manière. Les larmes, n'ayant pas de frontière ni de race, coulèrent ensemble. Seuls les enfants étaient tout sourire et parlaient déjà de tous les films qu'ils verraient dans l'avion. Ils firent des câlins à leurs parents constatant leur émotion, sans la partager. Ce fut l'heure de la photo, qui trône toujours dans la maison des Pirmil. Juste avant de sortir, Quentin jeta un dernier coup d'œil au bureau et à la terrasse où il avait carbonisé tellement de nicotine avec son ami de Corée du Nord et se planta devant le tableau Velleda qui trônait dans l'entrée pour y inscrire son adresse mail avec un marqueur à l'odeur entêtante. En très gros. Il lança, regardant chaque Coréen de l'équipe dans les yeux les uns après les autres :

« Un jour, peut-être ? »

Cher journal,

Je suis au milieu de mon appartement vidé de mes affaires.
Les enfants et Quentin sont en bas, nous prenons l'avion dans trois heures. J'ai prétexté « un dernier check » pour monter une dernière fois. Je suis triste et bouleversée de quitter cet endroit. Ce n'est pas comme quitter le Pérou ou la Nouvelle-Calédonie. Même si on ne sait jamais si on y remettra les pieds, dans n'importe quel autre pays du monde, ça reste toujours possible. Ici ??? Si un jour je reviens, dans quel état sera le pays ? dans quel état seront les Coréens ? Les reverrai-je seulement ?

Nous avons fait un apéritif un peu formel hier pour se dire au revoir autour d'un verre. J'ai pu dire aux Coréens des mots qui me tenaient à cœur. Je leur ai dit que nous les emportions avec nous. À présent, ils savent que notre amitié se balade sur notre vaste terre. J'ai pu leur dire aussi qu'il y a de par le monde des milliers de personnes qui souhaiteraient les connaître, je voulais insister sur le fait qu'ils ne sont pas nos ennemis, que la haine qu'on voudrait leur faire ressentir n'a pas de sens. J'espère que ces mots auront été entendus. Si petite que soit notre participation à la réunion des peuples, je crois que c'est en semant du positif qu'on le récoltera un jour. Nous nous sommes dit des choses qui font pleurer et que je n'ai pas très envie d'évoquer. Mon menton n'est pas fiable à l'heure qu'il est et me les rappeler maintenant m'assurerait un départ dans les larmes.
Je fais le tour de ces deux cents mètres carrés. Ma chambre, le double salon avec vue sur la chemi-

née à charbon, la chambre de Colin sans jouets, la chambre de Maxime sans Spiderman, la cuisine et son carrelage hideux…
Voilà. Quentin m'appelle. Tout le monde est prêt sur le parking, il faut faire la photo avant le départ. Je vais fermer la porte derrière moi comme je vais tourner ta dernière page. Parce que je vais te laisser, cher journal, ma vie maintenant va changer, encore.

Andraus et Rodolphe, merci les copains
pour vos corrections et encouragements.

Achevé d'imprimer par Corlet Numérique - 14110 Condé-sur-Noireau
N° d'Imprimeur : 133573 - Dépôt légal : novembre 2016 - *Imprimé en France*